JN079474

ぽんぽんでかわいい 四季のどうぶつたち

～12か月のアレンジBOOK～

伊藤和子 作

Mates-Publishing

はじめに

　毛糸のふわふわとした柔らかい質感。素材そのもののぬくもりに、まん丸いぽんぽんの形がさらにほっこり、癒やし感を与えてくれます。その質感は動物を表現するのにもぴったり。ぽんぽんの形をシンプルに生かした動物だけでなく、ぽんぽんを組み合わせたり、パーツを工夫したりすることで、驚くほどいろいろな動物を作り出すことができます。

　わたし自身が作品づくりで特にこだわるのは、動物たちの表情。自分の好みを反映できるのはとても楽しいですが、その時々の気持ちも表れるような気がして、どの子もみんな愛しく思えてきます。

　今回は、季節ごとに作って飾れるぽんぽんというテーマでデザインし、制作してきました。ぽんぽんの動物をアレンジして、季節の行事やイベントのアクセントとして、楽しんでいただけたらと思っています。

そして、実はもうひとつ、隠しテーマがあるんです。それは、「大切な人に贈りたくなるぽんぽん」、そして「もらって嬉しくなるぽんぽん」。「あの人は喜んでくれるかな？」と大切な人の顔を思い浮かべると、作る過程もまた、さらに素敵な時間になるのではないでしょうか。

　本書は、簡単なものから難易度の高いものまで幅広く紹介し、ぽんぽんの表現の豊かさを実感していただける内容になっています。初めての方は難易度ごとにステップアップしていくのがお勧め。作っているうちにどんどん上達してきます。自分にとってオンリーワンの動物たちを作る楽しみを広げていっていただけたら嬉しいです。

伊藤和子

CONTENTS

はじめに………………………2

Spring 春

ひなまつり　うさぎのおひなさま………………………8

お花見　三色だんごdeインコ………………………9

イースター　イースターバニー＆カラフルエッグ………………………10

こどもの日　かぶとをかぶった豆しば………………………11

母の日　カーネーション＆プードル………………………12

Summer 夏

ジューンブライド　仲良しベアのカップル………………………14

父の日　ひまわり＆猫………………………15

海の人気者　ラッコ………………………16

ドルフィンパフォーマンス　イルカ＆ビーチボール………………………17

水遊び　アヒル＆浮き輪………………………18

Autumn 秋

敬老の日　フクロウ………………………20

収穫の秋　リス＆きのこ………………………21

ハロウィン　黒猫＆パンプキン………………………22

森の中で　たぬき………………………23

どんぐりころころ　森のハムスター………………………24

$\mathcal{W}inter$ 冬

クリスマス　クリスマスツリー＆パンダのサンタ雪だるま ………… 26

お正月　シマエナガの鏡餅 ……………………………………… 27

新年の願いごと　ひよこだるま ………………………………… 28

ペンギンのお散歩　マフラーを巻いたイワトビペンギン ……… 29

バレンタイン　ハリネズミ＆チョコレートケーキ ……………… 30

本書の見方・巻き図の見方 ……………………………………… 31

必要な用具と材料 ……………………………………………… 32

毛糸とぽんぽん ………………………………………………… 34

基本の作り方❶　干支の戌を作ってみましょう ……………… 35

基本の作り方❷　イースターバニーに挑戦してみよう ……… 38

基本の作り方❸　「豆しば」を完成できたら上級者!? ……… 42

基本のテクニック❶　カット …………………………………… 47

基本のテクニック❷　ニードルの使い方 ……………………… 48

基本のテクニック❸　いろいろなパーツの作り方 …………… 49

基本のテクニック❹　ぽんぽんを接続する …………………… 50

【ひなまつり】「うさぎのおひなさま」の作り方 ……………… 51

【お花見】「三色だんごdeインコ」の作り方 ………………… 55

【イースター】「カラフルエッグ」の作り方 ………………… 55

【母の日】「プードル」の作り方 ……………………………… 56

【母の日】「カーネーション」の作り方 ……………………… 57

【ジューンブライド】「仲良しベアのカップル」の作り方 ……… 58

【父の日】「猫」の作り方 ……………………………………… 60

【父の日】「ひまわり」の作り方 ……………………………… 61

【ドルフィンパフォーマンス】「イルカ」の作り方 ………… 62

【ドルフィンパフォーマンス】「ビーチボール」の作り方 …… 63

【海の人気者】「ラッコ」の作り方 ……………………………………… 64

【水遊び】「アヒル」の作り方 ……………………………………………… 65

【水遊び】「浮き輪」の作り方 ……………………………………………… 65

【敬老の日】「フクロウ」の作り方 ………………………………………… 66

【ハロウィン】「黒猫＆パンプキン」の作り方 …………………………… 67

【収穫の秋】「リス」の作り方 ……………………………………………… 68

【収穫の秋】「きのこ」の作り方 …………………………………………… 69

【森の中で】「たぬき」の作り方 …………………………………………… 70

【どんぐりころころ】「森のハムスター」の作り方 ……………………… 71

【クリスマス】「パンダのサンタ雪だるま」の作り方 …………………… 72

【お正月】「シマエナガの鏡餅」の作り方 ……………………………… 73

【新年の願いごと】「ひよこだるま」の作り方 ………………………… 73

【バレンタイン】「ハリネズミ」の作り方 ……………………………… 74

【バレンタイン】「チョコレートケーキ」の作り方 …………………… 75

【ペンギンのお散歩】「マフラーを巻いたイワトビペンギン」の作り方 ……… 76

ぽんぽんで作る キュートな干支たち

子＝ねずみ ……………………………………………………………………… 78

丑＝うし ………………………………………………………………………… 79

寅＝とら ………………………………………………………………………… 80

卯＝うさぎ ……………………………………………………………………… 81

辰＝たつ ………………………………………………………………………… 82

巳＝へび ………………………………………………………………………… 83

午＝うま ………………………………………………………………………… 84

未＝ひつじ ……………………………………………………………………… 85

申＝さる ………………………………………………………………………… 86

酉＝とり ………………………………………………………………………… 87

戌＝いぬ ………………………………………………………………………… 88

アレンジしてみよう！　キーホルダーに！　クリップ＆ブローチに！　ヘアゴムに！ …… 88

亥＝いのしし …………………………………………………………………… 89

実物大型紙 ……………………………………………………………………… 90

春 Spring

うきうきした気分になる春。
行事やイベントに合わせて、
明るい気分を盛り上げてくれる動物たちを
お家の中に飾ってみてはいかがでしょう。

ひなまつり
うさぎのおひなさま

艶やかな衣装をつけて2匹並んですまし顔。
好みの布で作った衣装を着せてあげてください。

＊how to make → P51

お花見
三色だんご de インコ

お花見といえば、やっぱりおだんご!?
インコの顔をつけて、クスッと笑えるおだんごにアレンジ。

*how to make → P55

イースター
イースターバニー&カラフルエッグ

キリストの復活とともに春の到来を祝うイースター。
そのシンボル「うさぎと卵」をカラフルに演出。

✳how to make → P38.P55

こどもの日
かぶとをかぶった豆しば

五月人形の隣に、ちょこんと座らせたくなる豆しば。
かぶとをかぶると、少し凛々しくなる!?

*how to make → P42

母の日
カーネーション&プードル

カーネーションとともに
母の日のプレゼントに。
「ありがとう！」を伝えるのは、
健気なプードルです。

✳how to make → P56

夏　*Summer*

涼しげなコーディネイトで飾ってほしい動物たち。
夏らしく水辺の生き物中心のラインナップです。
忘れられがちな「父の日」もピックアップしました。

ジューンブライド
仲良しベアのカップル

6月の結婚式。
ふわふわ感のあるベアで
愛らしく幸福感を演出。
プレゼントにもいかがでしょう。

＊how to make →P58

父の日
ひまわり&猫

ひまわりの陰で居眠りしている猫。
表情をアレンジしても楽しい！
メッセージを添えて父の日に。

*how to make → P60

15

海の人気者

ラッコ

貝を抱えるしぐさや表情が人気のラッコ。
フォルムにもこだわって
作ってみましょう。

＊how to make → P64

ドルフィンパフォーマンス
イルカ&ビーチボール

小さなイルカショーの始まりです。
海をイメージして楽しみながら、
飾ってみましょう。

*how to make → P62

水遊び
アヒル&浮き輪

こどもたちがミニプールで水遊び!?
水にぷかぷか浮かぶ、
おもちゃのあひるのイメージです。

＊how to make → P65

秋

Autumn

季節感を演出しながら森の動物たちを飾ってみましょう。
秋の夜長はぽんぽん製作にもぴったり。
好みの動物にチャレンジしてみてください。

敬老の日

フクロウ

「不苦労」「福来郎」などの
当て字がされる「フクロウ」は縁起の良い鳥。
敬老の日の贈り物にぜひ！

*how to make → P66

収穫の秋
リス&きのこ

森に住む「リス」と「きのこ」を組み合わせて
深まりゆく秋を表現。
きのこの形は自由にアレンジして。

✳how to make → P68

ハロウィン
黒猫&パンプキン

ハロウィン飾りにぽんぽんを使って。
魔女のパートナー "黒猫" が
かぼちゃから顔をのぞかせます。

*how to make → P67

森の中で
たぬき

森の中をたぬきがお散歩。
美味しいものを探している!?
お友だちを待っているのかも知れません。

*how to make → P70

どんぐりころころ
森のハムスター

森の動物たちは木の実に大喜び!?
ペットのハムスターのエサにどんぐりは
不向きなのでご注意を。

*how to make → P71

冬 Winter

家にこもりがちな寒い冬。
お家時間が楽しくなるように演出しましょう。
お正月やクリスマスの定番飾りにも
動物をミックスさせてかわいらしく。

クリスマス
クリスマスツリー＆パンダのサンタ雪だるま

ツリーは手のひらサイズ。
隣にいるパンダは、
サンタクロースをイメージした雪だるまです。

＊how to make →P72

お正月
シマエナガの鏡餅

ふわふわの羽毛が人気の野鳥
シマエナガを鏡餅に見立てて。
表情のある鏡餅に癒やされませんか。

＊how to make → P73

新年の願いごと

ひよこだるま

新年の願いを込めて飾るだるま。
ひよこが顔を出したような
ユニークなだるまを作ってみました。

＊how to make → P73

ペンギンのお散歩
マフラーを巻いたイワトビペンギン

頭の黄色い羽と赤いクチバシがかっこいいイワトビペンギン。
寒い日にはマフラーを巻いてお出かけ!?

*how to make → P76

バレンタイン
ハリネズミ&チョコレートケーキ

大切な愛を伝える日に。
ショートケーキ仕立てのハリネズミに、
チョコレートケーキを添えて。

*how to make → P74

本書の見方

型紙P90

難易度❶❷❸
初心者は「難易度1」から始めて、徐々に難しいものにチャレンジしていくのがお勧めです。

型紙
型紙の掲載ページです。コピーをするか、写しとって使用してください。

材料
材料をそろえるときの参考に。毛糸の太さを確認して作ります。
→P34参照

作り方
作り方の手順です。参考ページも記載しています。

＊のマークのあるものは、写真で詳しく説明しています。

作り方のポイント
作品のポイントや、わかりにくい工程を写真付きで説明しています。

できあがり! サイズ
サイズのほか、パーツの位置やフォルムの確認の参考にしてください。

［母の日］「プードル」の作り方

難易度＝❸　　型紙P90

材料

毛糸	ベージュ(並太)	
目	さし目(黒)	6mm×2個
鼻	さし鼻(黒)	6mm×1個
口	毛糸(黒)	少量
リボン	赤	1個
接続用	つまようじ	1本

巻き図
すべて2本取り

体
前
115
5.5cm
115
後(結び目)

頭
上
45
3.5cm
45
[結び目]
後

パーツの素
(足、しっぽ)
45
3.5cm
45
[結び目]
後
結び糸は2本取りの
太口手縫い糸を使用

作り方
1 巻き図を参照して、頭と体のぽんぽんを作る。
2 頭に奥行きが出るようにぽんぽんの向きに注意して、ニードルでマズルを作り、頭の形をハサミで整える。＊
→P48参照
3 目と鼻はボンドで接着し、口はニードルで毛糸を刺しつける。＊
→P44、45参照
4 頭と体を接続する。→P40、41、45参照
5 体のぽんぽんの形をハサミで整える。
6 巻き図を参照して、パーツの素を作る。→P39参照
7 足としっぽを作る。＊→P39、40参照
8 前足をニードルで刺しつけ、後足、しっぽをボンドで接着する。
→P46参照
9 リボンをボンドでつける。

2 頭に奥行きが出るようにぽんぽんの向きに注意して、
ニードルでマズルを作り、頭の形をハサミで整える

アームからはずしたぽんぽんは楕円形。プードルの顔はマズルを高くするため、向きを確認して作る。

完成後、上からの写真。

7 足としっぽを作る

パーツの素を半分に切って前足2本を取り、4分の1から後足2本、残り4分の1からしっぽを取る。

しっぽ　後足　前足

できあがり!
10.5cm

前　横　横
8.5cm　6cm

56

巻き図の見方

ぽんぽんメーカーに、どのように毛糸を巻いていけばいいのか示しています。

ぽんぽんは楕円に仕上がるので、向きがある作品には、「上」「下」「横」等を記載しています。

途中で毛糸の色を変えて巻くとき、位置の目安にします。

数字は毛糸を巻く回数。色を変えて巻く場合は、それぞれに回数を記載、① ② ③は巻く順番です。

体
横　前
②120　①87
5.5cm
③173
横
(結び目)
後

ぽんぽんメーカーのサイズです。

たこ糸(または太口手縫い糸)でぽんぽんを結ぶ位置を示しています。

必要な用具と材料

本書で使用している基本的な用具です。

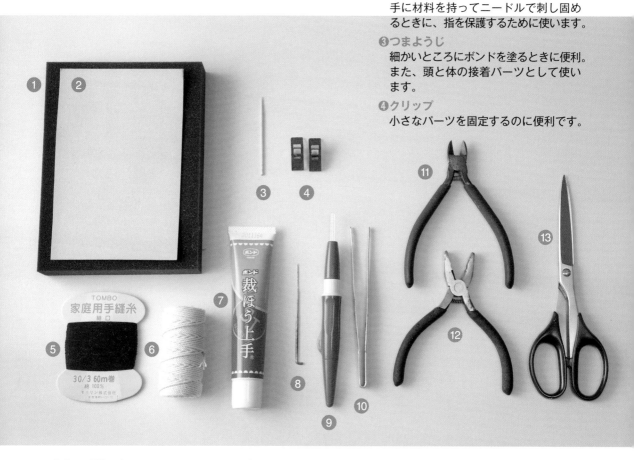

❶フェルティングマット
ぼんぼんをニードルで刺し固めるときに、下に敷いて使います。

❷厚紙
手に材料を持ってニードルで刺し固めるときに、指を保護するために使います。

❸つまようじ
細かいところにボンドを塗るときに便利。また、頭と体の接着パーツとして使います。

❹クリップ
小さなパーツを固定するのに便利です。

❺太口手縫い糸
パーツの素となるぼんぼんを結ぶときなどに使います。

❻たこ糸
ぼんぼんの中心を結ぶときに使います。

❼手芸用ボンド
各パーツを接着するときに使います。

❽フェルティングニードル
ぼんぼんの表面を整えたり、刺し固めるときに必要です。

❾フェルティングニードル（3本針）
しっかり刺し固めたいときには、3本針をを使用すると作業効率が上がります。

❿ピンセット
細かい作業をするときに便利です。

⓫ニッパー
ワイヤーなどの固いものを切るときに使用します。

⓬ペンチ
ワイヤーを折り曲げるときに必要です。

⓭ハサミ
手芸用の、刃先が鋭く切れ味が良いものを選びましょう。

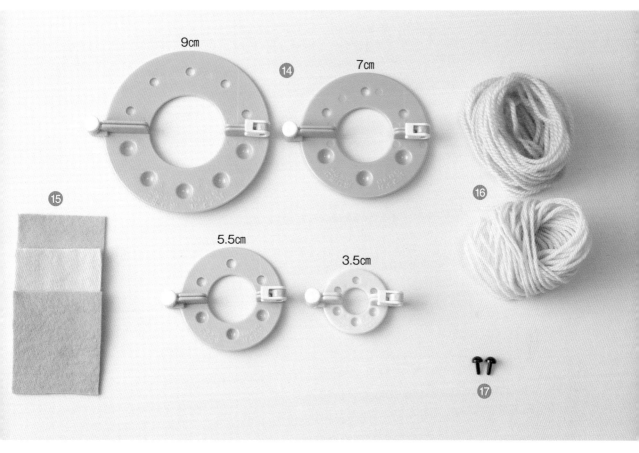

⑭ぽんぽんメーカー
　簡単にきれいなぽんぽんを作ることができる道
具です。2つのアームを組み合わせて、半分ずつ
毛糸を巻きます。ぽんぽんの大きさに合わせて、
サイズを使い分けましょう。

⑮フェルト
　耳や模様などのパーツを作るときに使います。

⑯毛糸
　作品によって、太さや素材を使い分けると良い
でしょう。
　→P34「毛糸とぽんぽん」参照。

⑰さし目
　目をつけるための市販のパーツです。動物に合っ
たものを選んで使います（さし鼻もあります）。

毛糸とぽんぽん

　動物の色合いや質感によって、毛糸の色・素材・太さを使い分けましょう。ウール100％はどの動物制作にもお勧めです。毛糸の太さの表記はメーカーによって多少異なりますが、本書では、3.5cmのぽんぽんメーカーの片方のアームに2本取りで巻ける数を目安とし、「80回程度を中細」「70回程度を合太」「40回程度を並太」と表記しています。使う毛糸によって巻き数は調整してください。

　細やかな毛糸の質感に仕上げたい場合は中細を使うと良いです。ウール100％の合太は毛糸のふくらみが出て、毛糸が密に仕上がるので、どのサイズにもお勧めです。大きいサイズのぽんぽんを作るときは並太も使いやすいです。メリノウール、アルパカ毛糸は、ふわっと密な質感がでます。

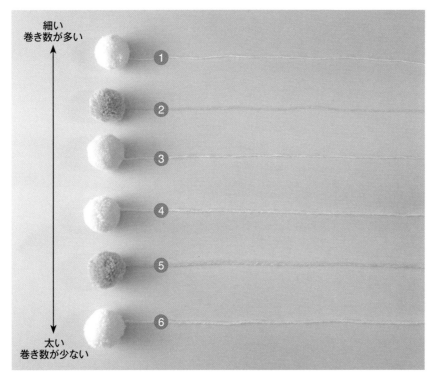

細い
巻き数が多い

太い
巻き数が少ない

毛糸の端の取り方
本書ではほとんどの作品を2本取りで巻きます。毛糸玉の外側と内側に糸端があるので、見つけて引っ張り出します。

❶ 純毛・中細　　　　　　（巻き数85）
❷ 純毛・中細　　　　　　（巻き数80）
❸ ウール100％・合太　　（巻き数70）
❹ メリノウール・並太　　（巻き数42）
❺ アルパカ・並太　　　　（巻き数40）
❻ アクリル・並太　　　　（巻き数37）

【巻き図例】
毛糸❶の場合
白（中細）

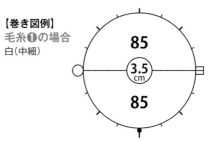

※巻き数は3.5cmのぽんぽんメーカーの片方のアームに2本取りで巻いたとき。

基本の作り方❶

干支の戌を作ってみましょう

●完成作品はP88参照　　　難易度＝❶　　　型紙P90

1つのぽんぽんで簡単に作れます。毛糸やぽんぽんメーカーの扱い方から説明しているので、初めてでも大丈夫！　好みの表情で作ってみましょう。

材料

毛糸	白（合太）	
たこ糸	（ぽんぽんの結び糸）	30㎝
目	さし目（黒）	5mm×2個
鼻	さし鼻（黒）	4.5mm×1個
マズル※	ぽんてん（白）	1.2㎝×1個
耳	フェルト（キャメル）	4×8㎝
	型紙に合わせてカット	
頬	フェルト（ピンク）	1×2㎝
	P49参照	

※マズルとは、動物の鼻先から口もとの部分のこと

巻き図　すべて2本取り

全身

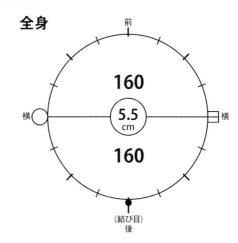

前
160
横
5.5cm
横
160
（結び目）
後

1 『ぽんぽんを作ろう！』
毛糸玉の内側と外側の両方から糸端を出し、そろえて2本取りにする。

2 糸端を2cmほど出して人差し指で押さえ、糸端に重ねて端から巻き始める。

3 巻き数を数えながら、反対側へ均等に巻く。

4 端まで巻けたら、逆方向に巻いていく。

5 同様に端から端まで、毛糸を繰り返し巻く。

6 『はみ出しに注意！』
アームの下の部分からはみ出しそうになったら、それ以降は中心寄りに巻いていく。

7 160回巻いたら、巻き終わりの糸は人差し指にかける（毛糸によって巻き数は調整する）。

8 5cmほど残して切る。

9 輪の中に糸端をくぐらせる。

10 ピンと引っ張って止める。片側が巻けた。

11 反対側も同じように2本取りで160回巻く。

12 両側巻けたら、ぽんぽんメーカーのストッパーを下げてアームを閉じる。

13 アームとアームの間にハサミの刃先を入れ、カットする。

14 切りにくい場合は、刃先で少しずつ切り込んでいくときれいにカットできる。

15 一周カットを終えたところ。

16 毛糸をカットしてできた溝に、たこ糸をわたす。

17 たこ糸を強く引っ張り、2回固く結ぶ。

アームをはずすよ

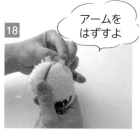

18 ストッパーをあげる。

19 片方ずつアームをはずす。

20 ほどけないように、結び目につまようじでボンドをつける。

ぽんぽんが完成!

21 ぽんぽんのできあがり。たこ糸を残しておくと、向きの把握に便利。

22 作りたい形をイメージして、最初は大まかにカットする。

23 形を整えるときは、刃先を小刻みに動かしてカットしていく。

24 ぽんぽんが作りたい形に仕上がった。

25
毛糸を切らないように気をつけて、たこ糸を切る。

26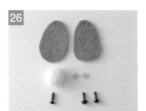
顔のパーツを用意する。耳と頬は型紙に合わせて切る。
→P49参照

27
顔のパーツを仮差しして、位置を決める。

28
ぽんてんは、毛糸をあけて差し入れてみる。

29
差し鼻はぽんてんに貼るので、根元からニッパーで切る。

30
差し鼻をボンドでぽんてんに貼る。

31
目とぽんてんを決めた位置にボンドで貼る。

32
耳もぽんぽんにあてて、位置を決める。

33
耳をボンドで貼る。

34
頬の位置を決める。

35
ピンセットで端をつまんで、ボンドで頬を貼る。

36
完成
できあがり!!

できあがり!

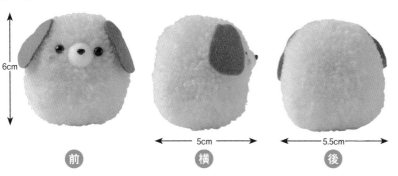

6cm

5cm

5.5cm

前　　横　　後

作り方が
動画で
チェックできます!

37

基本の作り方❷

「イースターバニー」に挑戦してみよう

難易度＝❷   型紙P90

頭と体のぽんぽんの接続の仕方や、足や耳、
しっぽの作り方を説明しています。ほかの動
物を作るときにも応用できるテクニックです。

材料

毛糸	白（中細）　頭・体	
	こげ茶（中細）　足・耳・しっぽ、鼻	
	→P48「パーツの素」参照	
目	さし目（黒）	8mm×2個
接続用	つまようじ	1本

巻き図　すべて2本取り

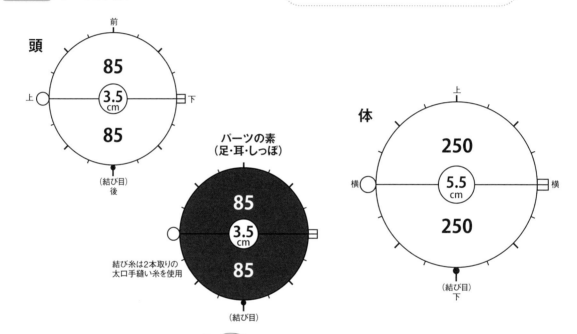

頭

前

85

3.5
cm

85

上　○━━━━━━━━━━━━□　下

（結び目）
後

パーツの素
（足・耳・しっぽ）

85

3.5
cm

85

結び糸は2本取りの
太口手縫い糸を使用

（結び目）

体

上

250

5.5
cm

250

横　○━━━━━━━━━━━━□　横

（結び目）
下

顔はたこ糸の
反対側に

1　巻き図を参照して、頭と体の
ぽんぽんを作る（P35～36
参照）。

2　結び目を後ろにして頭のぽん
ぽん持ち、下のほっぺたがふ
くらむようにカットする。

3　さし目の差し込み部分が長す
ぎるときは、ニッパーで短く
カットする。

4　目を仮差しして、バランスを
見ながらハサミで形を整える。

⑤

前から目が少し
見えるように

目から上の部分は細めに、下
の頬はふっくらと仕上げる。

⑥

目をボンドで接着する。

⑦

目の周りの毛糸をニードルで
軽く刺して形を固定する。

⑧

鼻をつけるよ

毛糸を逆方向に回し、1本を
取って鼻を作る。こよりにし
た羊毛フェルトでもOK。

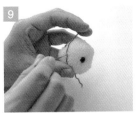

⑨

毛糸をニードルで、鼻をつけ
たい位置に刺していく。

⑩

Vの字になるように刺しつけ、
余った毛糸はカットする。

⑪

下方向にも刺してYの字にす
る。太くしたいときは、本数
を増やす。

⑫

顔の
できあがり

余った毛糸を切って、ニード
ルで形を整える。

⑬

体を作る

少しずつニードルで刺して、
首まわりになる部分の毛糸を
固定する。

⑭

固まったら、ハサミで体の形
を整える。

⑮

パーツの素を
作る

巻き図を参考に、足・耳・
しっぽの素になるぽんぽんを
作る。中心は太口手縫糸2本
で結ぶ。

⑯

結び糸が見えるように毛糸を
広げ、ニードル（3本針）で
毛糸の束を強めに刺し固める。

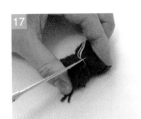

⑰

固まったら中心の結び糸を切
り、切った後に浮いた毛糸も
刺し固める。

⑱

全体の繊維がわからなくなる
くらいまで刺し固める。

⑲

パーツの素が完成。
→P48参照

⑳

縦3等分に切る。

39

体の
パーツを作る

前足・しっぽ

前足
前足
後足　耳　　　しっぽ

21 3つにカットしたところ。

22 21の1つから、型紙に合わせて前足2本としっぽを切る。

前足としっぽ
は丸い棒状に

23 角ばったところをニードルで刺して丸い棒状にし、固め、形を整える。

24 21の1つを、ちぎれない程度に手で広げる。

耳と後足は
シート状にする

25 フェルティングマットの上に置いて、ニードルで刺し広げてシート状にする。

26 厚紙で上のようにはさんで指を保護する。

27 ニードル（1本針）で刺し、横からも固める。

28 25～27を繰り返して5mm程度の厚みにできたら、型紙に合わせて耳を2個切る。

29 耳は2つ折りにしてニードルで折り目をつけ、付け根部分は刺し固める。

30 24～28と同じ要領で後足を2個作る。

頭と体を
接続する

31 頭に1.5cm、体に2cm差し込めるよう、つまようじに印をつける。

32 つまようじを3.5cmに切る。

33 体の上に頭を置いて、安定して接着できるか傾斜を確認する。

34 傾斜を合わせるように、頭と接着する体の上部をカットする。

35 つまようじ1.5cm部分にボンドをつけ、頭に差し込む。

36 一旦、ボンドをつけずに2cmのほうを体に差してみて、バランスを見る。

37

つまようじと毛糸の接着部分にボンドをたっぷりつけて貼る。

38 頭と体がくっついた!

頭と体が接続できた。

39 耳をつける

頭の毛糸をピンセットでグッとあけて、耳を差し込んでみる。

40

位置が決まったら、ボンドをつけて貼る。

41

奥まで差し込んだら、周りの毛糸でしっかりはさんで固定する。

42 足をつける

毛糸をあけて、奥まで前足を差し込んで位置を決める。

43

自立してお座りできるように調整する。

44

ボンドで貼って、周りの毛糸となじませる。

45

体の下に半分くらい隠れるような感じに後足をボンドで接着する。

46 しっぽをつける

しっぽをつける部分の毛糸をグッとあける。

47

しっぽを差し込んでボンドで接着し、周りの毛糸ではさんでなじませる。

48

頭の向きなどを確認し、形を整える。

49 \完成/

イースターバニーができた。

できあがり!

9.5cm

9cm 6cm

前 横 後

作り方が**動画**でチェックできます!

41

基本の作り方❸

「豆しば」を完成できたら上級者!?

難易度＝❸　　　　型紙P90

基本の作り方❶❷で紹介したテクニックに加え、2色の毛糸を使ったぽんぽんの巻き方も説明しています。豆しばができたら、どんな動物も思いのままかも!?

材料

毛糸	白（中細）	
毛糸	ベージュ（合太）	
目	さし目	5㎜×2個
鼻	樹脂粘土（黒）	少量
口	毛糸（黒）	少量
接続用	つまようじ	1本

巻き図　すべて2本取り

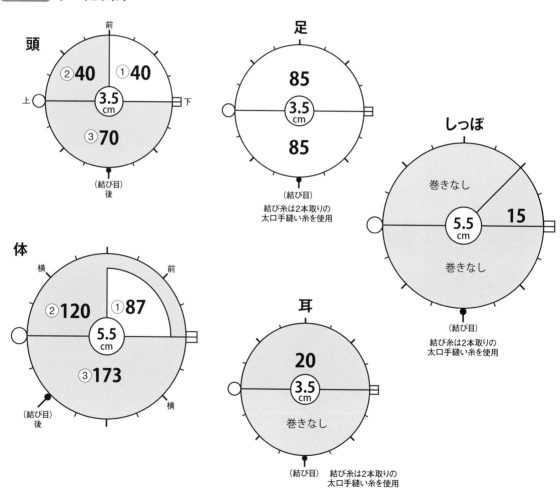

頭
② 40　① 40
上　　3.5cm　　下
③ 70
（結び目）後

足
85
3.5cm
85
（結び目）
結び糸は2本取りの太口手縫い糸を使用

しっぽ
巻きなし
5.5cm　15
巻きなし
（結び目）
結び糸は2本取りの太口手縫い糸を使用

体
横　　　前
② 120　① 87
5.5cm
③ 173
（結び目）後　　横

耳
20
3.5cm
巻きなし
（結び目）　結び糸は2本取りの太口手縫い糸を使用

1 頭のぽんぽんを作る

巻き図を参照して白を真ん中から右に2本取りで巻いていく。

2

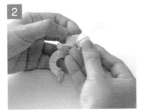

40回巻き終わったら毛糸を止めて切る。
→P35〜36参照

3

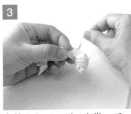

左端からベージュを巻いていき、40回巻き終わったら糸を止めて切る。

4

上側のできあがり（巻き数は毛糸によって調整する。この場合はアームに約半分ずつ巻ければOK）。

5

反対側はベージュを2本取りで、70回巻く。

6

ぽんぽんを取り出し、ハサミでカット。頭のぽんぽんができた。

7 体のぽんぽんを作る

巻き図を参照して、白を2本取りで真ん中から右に巻いていく。

8

87回巻き終わったら、毛糸を止めて切る。

9

左端からベージュを、白と同じ高さになるところまで巻いていく。

10

同じ高さになったら、白の上にもベージュを重ねて巻いていく。120回巻いたら毛糸を切る。

11

反対側はベージュを2本取りで173回巻く。

12

巻き終わったらアームを閉じ、毛糸をカットする。

13

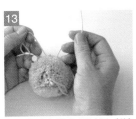

たこ糸はお腹の反対側（後）で結ぶ（巻き図参照）。

14 頭と体のぽんぽん完成

アームをはずして、頭と体のぽんぽんができた。

15

向きを確認してぽんぽんを持ち、頭を大まかに丸くカットする。

16

前にはマズル※を作るのでカットせず、横だけを切るようにする。

※マズルとは、動物の鼻先から口もとの部分のこと

17

マズルを
作る

マズルの位置を決め、毛糸を
中央に寄せるようにニードル
で刺し固めていく。

18

内側にやさしくそっと寄せて
いく。毛糸がまとまったらハ
サミで形を整える。

19

ベージュと白の境目より少し
上に目を仮に差し入れる。

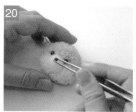

20

樹脂粘土で作った鼻をマズル
に置いて、位置を決めて貼る。
→P49参照

21

目を仮に差した状態で、さら
に形を整える。

22

頭の形ができたら、目をボン
ドで貼る。

23

まゆげを
作るよ

約5cmの白い毛糸を半分に折
り、目頭にニードルで奥まで
グッと刺す。

24

斜めにニードルでまゆげを刺
しつける。余分な毛糸を切る。

25

口を作る

黒の毛糸を逆方向に回し、1
本を取って使う(こよりにし
た羊毛フェルトでもOK)。

26

毛糸をつけたいところにニー
ドルで刺していく。

27

刺し終わったら、余った毛糸
を切る。口の反対側も同様に
刺しつける。

28

ハサミで顔の形を整える。

29

耳を作るよ

2本取りのベージュで片側だ
け20回巻く。

30

毛糸をカットしたら2本取り
の手縫い糸で固く結び、アー
ムをはずす。結びにくいとき
はP46 56〜57 の方法で結ぶ。

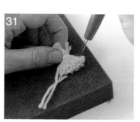

31

ニードルを刺して平らにする。
両端がまとまったら、結び糸
を切り、長方形に刺し固める。
→P40参照

32

厚紙ではさんで、横からも刺
し固め、シート状にする。

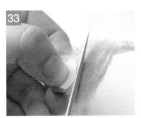

33 厚みが5mm程度になったら、型紙に合わせて切る。

34 **耳の内側の白を入れる**

白い毛糸を耳の上に数本並べて置き、はみ出した分を切る（羊毛フェルトでもOK）。

35 ニードルで刺しつけて、耳の内側の白い部分を作る。

36 耳を折り曲げて、ニードルで折り目をつける。

37 耳を差し込んで位置を決め、ボンドで貼る。

38 **頭が完成**

頭のできあがり。

39 **頭と体を接続する**

頭をしっかり固定できるように、体の接着部分をニードルで刺し固める。→P39参照

40 頭と体を合わせてみて、うまく接着できそうか確認する。

41 頭の形に合うように体の上部を少しカットする。

42 3.5cmのつまようじを使い、頭と体を接着する。→P40、41参照

43 頭と体が接着できた。

44 Y字を入れるように前面をカットし、前足の筋肉部分を作る。

45 **足を作るよ**

巻き図を参照して、ぽんぽんを作る。手縫い糸2本で中心を結ぶ。

46 パーツの素を作る。→P39参照

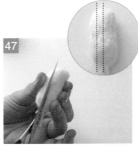

47 縦半分に切り、1つは前足2本に、残りの半分はさらに半分の薄さにカットし、後足2本を作る。→P40参照

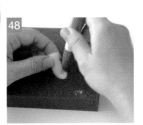

48 前足を棒状に作ったら、先が少し曲がるようにニードルで刺す。

45

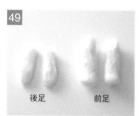

49

前足2本、後足2本が完成。

50

白とベージュの境目あたりに、前足をしっかり奥まで差し、ニードルで刺しつける。

ガシガシ音がするくらいに

51

周りの毛糸を足の前後左右から、しっかり刺しとめる。

52

前足がついたら、体の形をハサミとニードルで整える。

53

後足の位置を決め、ボンドで貼る。

しっぽを作るよ

54

ベージュ2本取りで15回巻き、左手で毛糸を押さえて切る。

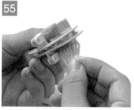

55

アームから毛糸をそっとはずす（毛糸が少ないときだけ取りはずして結ぶ）。

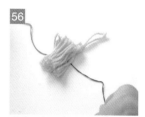

56

手縫い糸の上に、はずした毛糸を置く。

57

手縫い糸でしっかり結び、ニードルで刺し固め、棒状のパーツの素を作る。
→P48参照

58

パーツの素を型紙に合わせて切り、形を整えたらニードルで曲げる。

59

しっぽを差し込んで、ボンドで貼る。

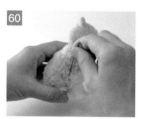

60

後足の筋の部分をニードルとハサミで仕上げる。

61 ＼完成／

豆しばのできあがり。

できあがり！

10.5cm

7.5cm   5.5cm

前   横   後

作り方が動画でチェックできます！

足の付け方

かぶとの折り方

46

※豆しばには4.5cm×4.5cmの折り紙を使用

基本のテクニック❶　カット

ぽんぽんをカットするときは、作りたい形をイメージしてからカットします。ぽんぽんメーカーから取り出した直後は楕円形なので、作りたいものによって、向きを決めることも大切です。

基本のカット

初めは作りたい形をイメージして、おおまかにカットする。

表面がなだらかになるように、刃先を小刻みに動かして形を整える。

ぽんぽんの向きに注意!

例)プードル　例)たぬき

ぽんぽんの向きを確認して作る。

完成形

模様やマズル※を作りたい方向に合わせて使う。

段差カット　2色で巻いた毛糸の境目をはっきりさせたり、凹凸をつけたいときは「段差カット」をします。

ピンセットで色の境目を整える。

境目にハサミを入れ、きわの黄色を5mm程度短く切る。

黄色の表面もハサミで整える。

外側の赤い部分の形を整える。

できあがり!

筋のつけ方　ぽんぽんに筋をつけたいときに、使います。

つまようじでラインをつける(かぼちゃの場合は12等分にする)。

ラインの片側の毛糸にハサミを寝かせてカットする。

向きを変えて反対側の毛糸もカットする。これをラインの数だけくり返す。

ハサミで形を作る。

ニードルで筋をはっきりさせ、カットで仕上げる。

できあがり!

模様の整え方　模様がきれいに見えるように、ピンセットとカットで毛糸を整えます。

ピンセットで模様を整える。

ハサミでカットして整える。

再びピンセットで整える。

もう一度ハサミでカットして整える。これを繰り返して仕上げる。

できあがり!

※マズルとは、動物の鼻先から口もとの部分のこと

基本のテクニック❷ ニードルの使い方

ニードルはさまざまな工程で活躍しますが、用途によって力の入れ方も異なってきます。また、範囲が広かったり、しっかり毛糸同士をつなぎ止めたいときは、3本針のニードルを使うと効率的です。

マズルを作る(軽い力で)

マズルの位置を決め、毛糸を中央に寄せるように刺し固めていく。

内側にやさしくそっと寄せていく。

ハサミで形を整えたら、マズルの完成!

成形する

毛浮きを押さえたり、形を固定するときは、少しずつバランスを見て刺す。

体にパーツを刺しつける

ガシガシ音がするくらい強めに全方向から刺しつける。

パーツの素を作る

本書では、ぽんぽんをニードルで刺し固めて塊やシート、棒状にし、足や耳、しっぽなどのパーツを作っています。この塊を「パーツの素」と呼んでいます。

ぽんぽんを作る。たこ糸ではなく2本取りの太口手縫い糸で結ぶ。

ニードル(3本針)で全体を強めに刺して固めていく。

結び糸を切り、切った後に膨らんでくる毛糸も刺し固める。

毛糸の筋がわからなくなるくらいまで刺し固める。

パーツの素が完成!

その他のパーツの素の作り方

ぽんぽんをニードルで刺し固め、棒状のパーツの素を作る。→P46参照

ぽんぽんをニードルで刺し広げて、シート状のパーツの素を作る。→P44参照

パーツの素をカットして体のパーツを作る

(イースターバニーの場合)パーツの素を縦3等分に切る。

カットした1つから、型紙に合わせて前足2本としっぽを切る。

棒状に(前足・しっぽ)

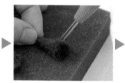

ニードルで刺しつけて棒状にし、形を整える。

シート状に(後足・耳)

カットした残り2つを、ちぎれない程度に手で広げる。

毛糸の繊維をつなげながら、ニードルで刺し広げていく。

厚紙で写真のようにはさんで指を保護し、横からも刺し固める。

型紙に合わせてパーツを切る。耳と後足はどの作品も5mm程度の厚みにする。

できあがり!

基本のテクニック❸　いろいろなパーツの作り方

フェルトや樹脂粘土を使って、いろいろなパーツを作ることができます。

樹脂粘土で作る

動物の口ばしや鼻などのパーツを作る際、樹脂粘土を使用しているものがあります。乾燥しやすいので、封を開けた後はラップをしてジップロックなどの密閉性のある袋に入れておきましょう。樹脂粘土は手芸店や100円ショップなどで購入できます。

鼻、口ばしなどのパーツ

ダイソーの
樹脂粘土

ほんの少量取り出して使う。

丸くする場合は指先でくるくる丸める。

型紙に合わせて作る。

色を混ぜて使うこともできる。

ペンギンの口ばしは、レッドとパステルピンクを1:1で混合。

フェルトで作る

フェルトを貼り合わせたり、折り目つけて固定したりして、耳や口ばしなどのパーツを作ることができます。

テクニック❶
口ばしや耳に
折り目をつける

クリップでフェルトを15分ほど挟んで、折り目をつけて使う。

テクニック❷
立体的な
耳にする

耳の下部分にボンドをつけてクリップで挟み、乾かす。

フェルトの表面加工

フェルトにボンドを塗って乾燥させることで、加工しやすくすることができます。

クリアファイルなどの上で、フェルトの表と裏につまようじでボンドを塗る。

乾いたら、指の部分をカットする。

立体的な前足を作るときは、ボンドを両面に塗って丸めたまま乾燥させる。

小さいパーツの作り方

型紙に合わせて切るのが難しい小さいパーツ（「頬」「模様」など）は、あらかじめ、細長く切っておいたフェルトを使うと作りやすいです。

頬を作る

3〜4mmに細長く切ったフェルトを四角く切る。

ピンセットで持って角をとるようにカットする。

ほっぺのパーツができあがり！

細長い模様を作る

フェルトを3〜4mm幅で適当な長さに切ってから、型紙に合わせた長さに切る。型紙によって先端の形を変える。

目と鼻をつける　表情を決める大事なポイント!

どんな表情がいいかイメージして仮差しする。

ぽんてんには、鼻を先に接着すると表情がわかりやすい。

バランスを確認してから、ボンドをつけて貼る。

鼻の材料

動物によって違う鼻の形。さまざまな材料を使って工夫します。さし鼻はさし目同様にぽんぽんに差し込んで貼ることができます。樹脂粘土で鼻を作って貼るのもお勧めです。

ぽんてんにさし鼻を貼る

ぽんてんに貼るときは、根元からニッパーでカットする。

ボンドをつけて貼る。

玉止めで鼻の穴を作る

裏面からフェルトやぽんてんに糸を通す。

玉どめの要領で針先に糸を2回巻き、同じところから糸を裏側に戻す。これを2ヶ所で行う。

こんな鼻ができるよ!

毛糸や羊毛フェルトで鼻や口、目、模様を作る

毛糸を逆方向にまわし、1本取る。羊毛フェルトを使う場合はこより状にする。

ラインを入れたい場所にニードルで少しずつ刺しつける。

不要な毛糸を切る。毛糸は繊維の本数で太さを調整する。

ちょっとした角度で表情が変わる。

同様に目頭、目尻や顔の模様も作ることができる。

基本のテクニック❹　ぽんぽんを接続する

つまようじを使ってを接続する　つまようじを使って頭と体やぽんぽん同士を接続します。→P40 **31**〜**38**、P45 **39**〜**43**参照

つまようじに印をつける。個別の指定がなければ、1.5cmと3.5cmに印をつける。

つまようじを3.5cm(または指定の長さ)に切る。

つまようじにボンドをつけて、小さいほうのぽんぽんに1.5cm(または指定の長さ)差し込む。

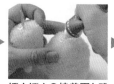

ぽんぽんの接着面と残りのつまようじにボンドをつける。

つまようじをもう片方のぽんぽんに差し込んで、しっかり接続する。

ワイヤーを使って接続する　ワイヤーを使って、ぽんぽん同士を接続したり、パーツを接続することもできます。
→P59、65、68参照

材料

毛糸	白（合太）	
鼻	毛糸（こげ茶）	少量
耳（内側）	羊毛フェルト（ピンク）	少量
目	さし目（黒）	6mm×4個
接続用	つまようじ	2本
接着芯	低温薄手接着芯（ソフトタイプ）	縦50cm×横110cm

男雛

後ろ身頃、袖③	金襴	縦27cm×幅40cm
襟①②	ちりめん（白）	縦15cm×20cm
襟③、袴、袖①	ちりめん（抹茶）	縦20cm×横40cm
襟④袖②	ちりめん（薄紫）	縦20cm×横36cm
冠	フェルト（黒）	2.5cm×15cm
笏（しゃく）	フェルト（キャメル）	5cm×3cm

女雛

後ろ身頃、袖③	金襴	縦27cm×横40cm
襟①②	ちりめん（白）	縦15cm×20cm
襟③、袴、袖①	ちりめん（赤）	縦20cm×横40cm
襟④袖②	ちりめん（ピンク）	縦20cm×横36cm
扇	厚紙	4cm×10cm
	ちりめん（柄）	4cm×10cm
	刺繍糸 5色	各色2本×40cmを2セット
玉櫛（たまぐし）	中心部に穴の開いている座金	1個
	座金に合うサイズのビーズ	1個
	ワイヤー #24	5cm

巻き図

すべて2本取り

体
前
185
横 〇 5.5cm 横
185
（結び目）
後

頭
前
70
上 〇 3.5cm 下
70
（結び目）
後

パーツの素（耳）
22
〇 3.5cm
22
（結び目）

結び糸は2本取りの太口手縫い糸を使用

作り方❶　うさぎを作る→P38〜41参照

1. 巻き図を参照して頭、体のぽんぽんを作る。
2. うさぎの頭の形をハサミで整える。
3. 目はボンドで貼り、鼻は毛糸をニードルで刺しつける。
4. 耳の巻き図を参照して、ぽんぽんからシート状のパーツの素を作る。　→P44、48参照
5. シート状のパーツの素から耳を作る。＊ →P40、44、45参照
6. 耳をボンドでつける。
7. ニードルとハサミで体の形を整える。＊
8. 頭と体をつまようじとボンドで接続する。→P50参照

5 シート状のパーツの素から耳を作る

平らにしたパーツの素に型紙を合わせて切る。

ピンクの羊毛フェルトを少量とる。

羊毛フェルトを耳の中心部にニードルで刺しつける。

余分な羊毛フェルトを切る（足りなければ足す）。

耳の内側ができたところ（毛糸を使う場合→P45参照）。

2つ折りにしてニードルで刺して折り目をつける。

7 ニードルとハサミで体の形を整える

上3分の1と下3分の1をニードルで少しずつ刺し固める。

型紙に合わせてカットする。衣装に合わせるので胴回りは18.5cmが目安。

作り方❷　衣装を作ってうさぎに着せる

9 布を型紙どおりに用意して、接着芯を貼る。＊
10 襟を作り、順番に貼っていく。＊
11 袴を作り、ぽんぽんに貼る。＊
12 型紙を参照して、後ろ身頃と袖をミシンで縫っておく。＊
13 後ろ身頃を作る。＊
14 袖を作る。＊
15 後ろ身頃を貼る。＊
16 後ろ身頃のボンドが乾いたら輪ゴムをはずし、袖を貼る。＊

※アイロンは低温であて布をあてる。

9 布を型紙どおりに用意して、接着芯を貼る

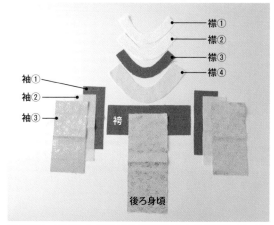

接着芯をつけておく。襟はP95の型紙に合わせて裁断。袴、袖、後ろ身頃は、下記の寸法を参照して、直裁ちする。

袴、袖、後ろ身頃の寸法　※単位はすべてcm

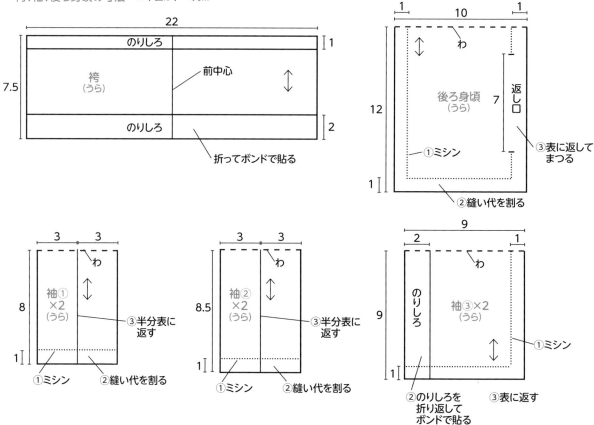

10 襟を作り、順番に貼っていく

切れ目を入れてから低温アイロンで折り目をつける。

同様にすべての襟を作る。

首の後ろ中心にまち針を打ち、襟の後中心を揃えて、仮合わせする。

余分なところはカットする。

ボンドをつけて貼る。

順に重ねて貼る。

11 袴を作り、ぽんぽんに貼る

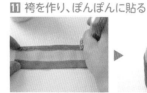
のりしろをボンドで貼る。

袴全体にボンドをつけ、ぐるっと巻きつける。

12 後ろ身頃と袖をミシンで縫っておく

後ろ身頃を縫う。

袖を縫う。

13 後ろ身頃を作る

表に返したらピンセットで形を整え、返し口をコの字とじする。

14 袖を作る

表に返す前に、袖③ののりしろをボンドで貼る。

袖①と②は半分表に返す。袖にアイロンをかける。

袖③のふちにボンドをつける。

袖②を中に入れ、5mmほど見せるように貼る。

袖①をその中に入れ、同じように貼る。

袖が完成。これを2セット作る。

15 後ろ身頃を貼る

後ろ身頃の上半分くらいにボンドをつける。

体に合わせて貼り、輪ゴム2、3本で固定する。

16 後ろ身頃のボンドが乾いたら輪ゴムをはずし、袖を貼る

袖の位置を決め、後ろ側にまち針を打っておく。

上側3分の1にボンドをつける。

まち針に合わせて袖を貼る。

両袖がついたら、上のほうが浮かないように注意して数本の輪ゴムで止め、完全に乾かす。

作り方❸　小物を作って仕上げる

17 男雛の小物を作る。＊

18 女雛の小物を作る。＊

19 小物を貼って完成。＊

17 男雛の小物を作る

冠と笏（しゃく）のフェルトを切る。笏はフェルト2枚を貼り合わせる。

冠は少しずつボンドをつけてくるくる巻いていく。

完成。

19 小物を貼って完成

小物をそれぞれボンドで貼る。

18 女雛の小物を作る

扇と玉櫛の材料を用意する。

扇は、布を厚紙より少し大きめに切って貼る。

2枚作ってボンドで貼り合わせる。

乾いたら、目打ちで両端に穴をあける。

穴に刺繍糸を通して結ぶ。糸端を切って水をつけると通しやすい。

ビーズを通したワイヤーをねじり、座金中央の穴に通す。

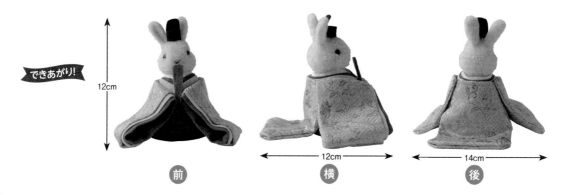

できあがり!

12cm

前　　　横　12cm　　　後　14cm

【お花見】「三色だんご de インコ」の作り方　　難易度＝❶　　型紙 P90

材料

毛糸	ピンク（中細）	白（合太）	黄緑（合太）
竹串	竹串		2本
目	さし目		5mm×12個
口ばし	フェルト（山吹色）		5cm×5cm
ろう膜	フェルト（水色）		5cm×5cm
チークパッチ	フェルト（白）		5cm×5cm
チークパッチ	フェルト（青）		5cm×5cm

作り方
1. 巻き図を参照して、3色のぽんぽんを作る。
2. それぞれのぽんぽんを丸くカットして整える。
3. ぽんぽんのたこ糸のわの中に竹串を刺してボンドで接着する。
4. フェルトに型紙を合わせて、口ばし、ろう膜、チークパッチを切る。
5. 目、口ばし、ろう膜、チークパッチをボンドで貼る。
   →P49参照

巻き図

すべて2本取り

だんご

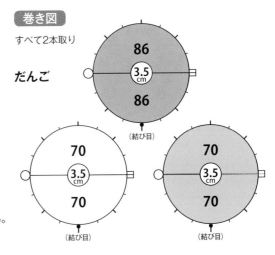

できあがり！

12cm

4cm

【イースター】「カラフルエッグ」の作り方　　難易度＝❶

材料

毛糸	黄色（合太）
	ピンク（合太）
	水色（合太）

作り方
1. 巻き図を参照して、ぽんぽんを作る。
2. ぽんぽんを卵型にカットして整える。

巻き図

すべて2本取り

前
横　　横
5.5cm
180
180
（結び目）
後

※すべて共通

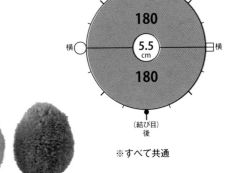

できあがり！

6.5cm

5cm

【母の日】「プードル」の作り方

難易度＝❸　　型紙P90

材料

毛糸	ベージュ（並太）	
目	さし目（黒）	6mm×2個
鼻	さし鼻（黒）	6mm×1個
口	毛糸（黒）	少量
リボン	赤	1個
接続用	つまようじ	1本

作り方

1. 巻き図を参照して、頭と体のぽんぽんを作る。
2. 頭に奥行きが出るようにぽんぽんの向きに注意して、ニードルでマズルを作り、頭の形をハサミで整える。＊
   →P48参照
3. 目と鼻はボンドで接着し、口はニードルで毛糸を刺しつける。
   →P44、45参照
4. 頭と体を接続する。→P40、41、45参照
5. 体のぽんぽんの形をハサミで整える。
6. 巻き図を参照して、パーツの素を作る。→P39参照
7. 足としっぽを作る。＊→P39、40参照
8. 前足をニードルで刺しつけ、後足、しっぽをボンドで接着する。
   →P46参照
9. リボンをボンドでつける。

2. 頭に奥行きが出るようにぽんぽんの向きに注意して、ニードルでマズルを作り、頭の形をハサミで整える

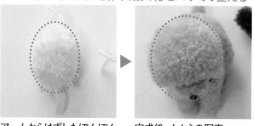

アームからはずしたぽんぽんは楕円形。プードルの顔はマズルを高くするため、向きを確認して作る。

完成後、上からの写真。

巻き図

すべて2本取り

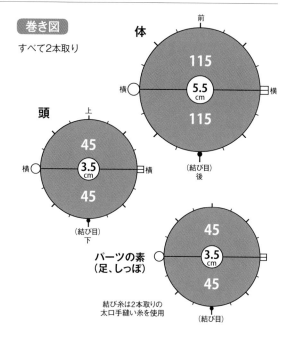

体
前
115
横 ○　5.5cm　横 □
115
（結び目）
後

頭
上
45
横 ○　3.5cm　横 □
45
（結び目）
下

パーツの素（足、しっぽ）
45
○　3.5cm　□
45
（結び目）

結び糸は2本取りの太口手縫い糸を使用

7. 足としっぽを作る

しっぽ　後足　前足

パーツの素を半分に切って前足2本を取り、4分の1から後足2本、残り4分の1からしっぽを取る。

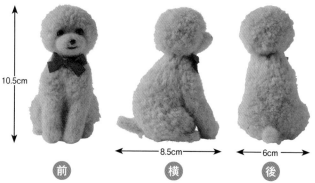

できあがり!

10.5cm

8.5cm　　6cm

前　　横　　後

56

【母の日】「カーネーション」の作り方　　　難易度＝❶　　　型紙 P90

材料

毛糸	赤（合太）	
茎	地巻ワイヤー（#22）	30㎝
葉っぱ、がく	フェルト（緑）	5㎝×8㎝

巻き図

すべて2本取り

カーネーション

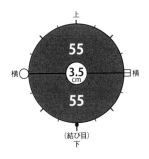

作り方

1. 巻き図を参照して、ぽんぽんを作る。
2. ぽんぽんを花の形にハサミで整える。*
3. 花に茎をつける。*
4. フェルトに型紙を合わせて、葉っぱを切る。
5. がくは、緑のフェルトを縦1.3㎝、横7㎝で切り、用意する。
6. 花にがくをつける。*
7. 葉っぱをつける。*

2 ぽんぽんを花の形にハサミで整える

丸く整えたら少し毛糸をすき、花びらのイメージでカットする。

たこ糸を短く切って完成。

3 花に茎をつける

たこ糸のわの中にワイヤーを通す。

少し折り返し、ねじり止める。余分なワイヤーは切る。

6 花にがくをつける

ワイヤーと毛糸にボンドをつける。

フェルトにもボンドをつけ、ワイヤーの折り返しを隠すように巻く。

7 葉っぱをつける

葉っぱの下の部分にボンドをつける。

縦半分に折って好きなところに貼り、しっかり押さえる。

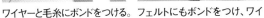

\完成/

材料

毛糸	ベージュ（並太）	
目	さし目（黒）	8mm×4個
鼻	さし目楕円形（黒）	8mm×2個
口	毛糸（黒）	少量
手用ワイヤー	ワイヤー（#22）	4.5cm×4本
リボン	2cm幅リボン（オフホワイト）	50cm
ベール	チュールレース（白）	25cm×36cm
ネックレス	パールビーズ（6mm）	24個
接続用	つまようじ	2本

巻き図（1体分）

すべて2本取り

体

前
130
横　○　7.0cm　横
130
（結び目）
後

頭

上
100
横　5.5cm　横
100
（結び目）
下

パーツの素　1個
（耳としっぽ）
足　4個

30
○　3.5cm
30

結び糸は2本取りの
太口手縫い糸を使用　　（結び目）

作り方❶　ベアを作る

1. 巻き図を参照して、頭と体のぽんぽんを作る。
2. ぽんぽんの向きに注意してニードルでマズルを作り、頭の形をハサミで整える。→P43、44参照
3. 目と鼻はボンドで貼り、口は毛糸をニードルで刺しつける。→P50参照
4. 巻き図を参照して、パーツの素を1個作る。→P48参照
5. 4のパーツの素から、耳としっぽを作る。＊→P48参照
6. 頭にボンドで耳をつける。
7. 体の形を整え、頭と体を接続する。つまようじは4cmにカット。頭と体に2cmずつ差し込む。→P40、41、50参照
8. 巻き図を参照して、足のぽんぽんを4個作る。
9. 8のぽんぽんから、足を作る。＊
10. 後足としっぽをつける。＊
11. 前足をつける。＊

5 耳としっぽを作る

耳　しっぽ

パーツの素を半分にカット。それぞれ約1cmの厚みのシート状にし、型紙に合わせて耳としっぽを作る。

9 足を作る

結び糸を確認し、輪の中心から上下とも毛糸を放射状に広げる。

結び糸の上下の毛糸をニードルで刺しとめ、結び糸を隠す。

後足はハサミでカットして長方形にし、ニードルで程よくまとめる。

前足はニードルでしっかり刺し固める。厚みは型紙を参照する。

前足　後足

型紙に合わせて切り、前足2本と後足2本ができあがる。

作り方が**動画で**チェックできます！

足の作り方

10 後足としっぽをつける

足を合わせてみて、つける場所をあけておく。

ボンドをつけて差し込み、接着する。まわりの毛糸で押さえてなじませる。しっぽも同様につける。

11 前足をつける

型紙を参考にワイヤーを1.5cm折り曲げ、ボンドをつける。

前足の内側上部に差し込む。

ワイヤーと前足の接着部分にたっぷりボンドをつけて体に差し込み、接着する。

作り方❷　飾りを作る

12 リボンを作る。*
13 男の子用はリボンをボンドで貼る。
14 女の子のベールを作る。*
15 ベールとリボンを頭に縫い付ける。
16 糸にビーズを通し、女の子の首につけて後ろで結ぶ。

12 リボンを作る

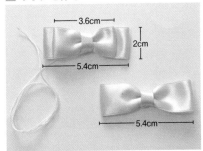

─ 3.6cm ─
2cm
─ 5.4cm ─
─ 5.4cm ─

上記寸法を参考にリボンを折る。裏でリボン端を重ね、中心を縫い止める。中央はリボンを三つ折りにしてくるみ、裏で縫い止める。

14 女の子のベールを作る

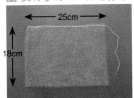

← 25cm →
18cm

チュールレースを2つ折りにして上部をぐし縫いする。

糸を引っ張ってギャザーをよせる。

できあがり!

13cm
← 8.5cm →
← 8.5cm →

前　横　後

59

【父の日】「猫」の作り方

材料

毛糸	白（合太）	
毛糸	グレー（合太）	
目、口、鼻上のシワ	毛糸（こげ茶）	10cm
鼻	毛糸（淡ピンク）	5cm

作り方

1 巻き図を参照して、頭のぽんぽんを作る。

2 ニードルでマズルを作り、頭を整える。*→P43、44参照

3 顔を作る。*→P50参照

4 バランスを見てさらに頭をカットして整える。

5 巻き図を参照して、シート状の耳のパーツの素を2個作る。
　→P44参照

6 5のパーツの素から、耳を作る。*→P44、45参照

7 耳をニードルで刺しつける。*

8 巻き図を参照して、前足のパーツの素を1個作る。→P48参照

9 8のパーツの素から、2本の前足を作る。*

巻き図

指定外は、
すべて2本取り

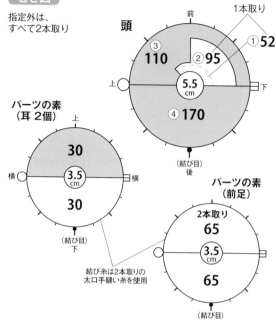

頭　　　1本取り
前
③ 110　② 95　① 52
5.5cm
上　　　下
④ 170
（結び目）後

パーツの素（耳 2個）
上
30
3.5cm
横　　　横
30
（結び目）下

パーツの素（前足）
2本取り
65
3.5cm
65
（結び目）

結び糸は2本取りの
太口手縫い糸を使用

2 ニードルでマズルを作り、頭を整える

マズルの位置を決め、逆V字になるようにニードルで刺し固める。

マズル以外の毛糸をカットしてマズルの高さを出す。

3 顔を作る

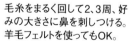

毛糸をまるく回して2、3周、好みの大きさに鼻を刺しつける。羊毛フェルトを使ってもOK。

毛糸を2本より取り、目を刺しつける。好みで鼻の上のシワも入れる。

口も同じ毛糸で刺しつける。

6 耳を作る

パーツの素2個をグレーが上、白が下になるように平らにし、型紙を合わせて耳を切る。

半分に折り、ニードルで刺して折り目をつける。

7 耳をニードルで刺しつける

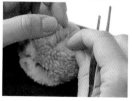

耳をつける部分をピンセットであける。

耳を差し込み、ニードルで両方向からしっかり刺しつけ固定する。

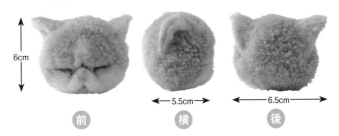

できあがり!

⑨ 前足を作る

パーツの素を縦半分に切り、それぞれ型紙に合わせて、1本ずつ前足を作る。

6cm

前　　横 ←5.5cm→　　後 ←6.5cm→

【父の日】「ひまわり」の作り方

難易度＝❶　　　型紙P92

材料

毛糸	茶色（中細）	
毛糸	こげ茶（中細）	
花びら	フェルト（山吹色）	花1つにつき13㎝×25㎝
	※たくさん使うので大判のフェルトを用意すると良い。	
がく	フェルト（緑）	花1つにつき5㎝×5㎝
茎	地巻ワイヤー#22	花1つにつき約17㎝

巻き図

花芯

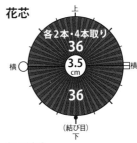

各2本・4本取り

上
横 ○ 横
36
3.5cm
36
（結び目）下

作り方

1. 巻き図を参照して、花芯のぽんぽんを作る。
2. 花芯の形を整え、ワイヤーをつける。＊
3. フェルトに型紙を合わせて、花びらとがくを切る。
4. 花びらをぽんぽんにつけ、ボンドで接着する。＊
5. がくを花びらの裏側にボンドで貼る。

② 花芯の形を整え、ワイヤーをつける

後側はたこ糸を切らないように注意してギリギリまでカットする。

型紙に合わせて切り、余分なたこ糸を切る。

たこ糸の輪ににワイヤーを通してペンチで折り込み、ボンドをつけて止める。

④ 花びらをぽんぽんにつけ、ボンドで接着する

花びらの内側にボンドをつけ、花芯の後ろに貼る。横側も花びらと接着するよう指で押さえる。

形を確認して整える。輪ゴムで止め、裏返して乾燥させる。

同様に2枚目をつける。花びらを1枚目と少しずらすときれいに見える。

飾り方

1

2

3

4

1. イメージを決めて花を入れる。バランスを調整しながら綿を入れて、茎を固定する。
2. 猫の頭と手の位置を決める。
3. 前足の接着部分にボンドをつけて貼る。
4. 頭にボンドをつけて貼る。

できあがり!

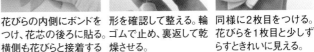

9cm　　　3.5cm　　　9cm

表　　横　　裏

61

【ドルフィンパフォーマンス】「イルカ」の作り方

難易度＝❸　　型紙P92

材料

毛糸	グレー（合太）	
毛糸	白（合太）	
目	さし目（黒）	5mm×2個

作り方

1. 巻き図を参照して、ぽんぽんを作る。
2. 全身をイメージしてぽんぽんをカットして、おおまかな形を仕上げる。
3. パーツの素①のぽんぽんをニードルで刺しつけ、シート状にして口と尾びれを作る。*→P48参照
4. パーツの素②を作り、背びれ、胸びれ2枚を作る。*→P48参照
5. グレーと白の境目に口を差し込んで、ニードルで刺しつける。*
6. 尾びれも同様にしてつける。
7. 体の形をニードルとハサミで整える。
8. 目、背びれ、胸びれは、差し込んでボンドで貼る。

巻き図　すべて2本取り

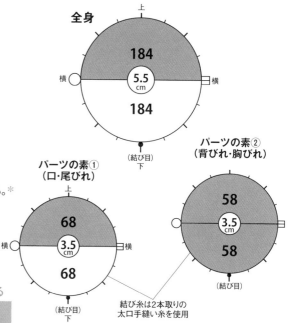

全身

184 / 5.5cm / 184
上 / 横 / 横 / （結び目）下

パーツの素①（口・尾びれ）

68 / 3.5cm / 68
上 / 横 / 横 / （結び目）下

パーツの素②（背びれ・胸びれ）

58 / 3.5cm / 58
（結び目）

結び糸は2本取りの太口手縫い糸を使用

作り方が動画でチェックできます！

イルカの口の付け方

---

3 口、尾びれを作る

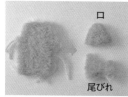

口 / 尾びれ

パーツの素①をグレーが上、白が下になるように平らに整形して、型紙に合わせて口と尾びれを切る。

4 背びれ、胸びれを作る

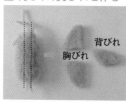

背びれ / 胸びれ

パーツの素②を縦に3等分し、ニードルでシート状に固めて、背びれと胸びれ2枚を作る。

---

5 グレーと白の境目に口を差し込んで、ニードルで刺しつける

グレーと白の境目にしっかり口を差し込む。

ニードルで周囲の毛糸と一緒に刺しつける（色が混ざらないように注意!）。

毛糸を落ち着かせたい方向に向けてニードルで軽く刺し、形を固定する。

毛糸がまとまってきたら、余分なところをカットする。

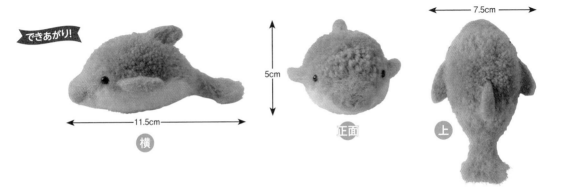

でき上がり!

横　11.5cm　5cm

正面

上　7.5cm

【ドルフィンパフォーマンス】「ビーチボール」の作り方　難易度＝❶

材料

毛糸	白（並太）
	黄色（並太）
	青（並太）

作り方
1 巻き図を参照して、ぽんぽんを作る。
2 模様をピンセットで整えながら、
　ぽんぽんをハサミでカットする。＊

巻き図

すべて2本取り

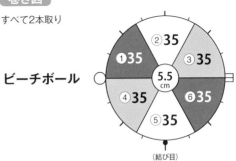

ビーチボール

①35　②35　③35　④35　⑤35　⑥35　5.5cm
（結び目）

---

2 模様をピンセットで整えながら、ぽんぽんをハサミでカットする

巻き終わりの状態。

毛糸を切ったら、たこ糸で結んでアームをはずす。

ピンセットで毛糸を整える。

細かいところまで注意して、さらに整える。

はみ出している毛糸をカットする。

カット後のはみ出しをピンセットで整える。

模様がきれいに整うまで繰り返す。

でき上がり!

5.5cm

前

【海の人気者】「ラッコ」の作り方

難易度＝❸　　型紙P91

材料

毛糸（頭）	白（合太）	
毛糸（体・足・尾）	こげ茶（合太）	
耳	フェルト（オフホワイト）	3cm×3cm
目	さし目（黒）	5mm×2個
鼻	さし鼻（黒）	9mm×1個
口	毛糸（黒）	少量
接続用	つまようじ	1本

作り方

1. 巻き図を参照して、頭と体のぽんぽんを作る。
2. ぽんぽんの向きに注意してマズルを作り、頭の形をハサミで整える。→P44、47参照
3. 目と鼻はボンドで貼り、口は毛糸をニードルで刺しつける。→P50参照
4. 耳をフェルトで作り、ボンドで頭に接着する。＊
5. 体のぽんぽんの形を整える。背中のカーブはニードルで刺して固める。→P48、62❺参照
6. 頭と体をつまようじとボンドで接続する。→P40、41、45参照
7. パーツの素を作り、前足、後足、尾を作る。＊→P48参照
8. 前足、後足、尾を体にニードルで刺しつける。→P46、62❺参照

巻き図

すべて2本取り

体

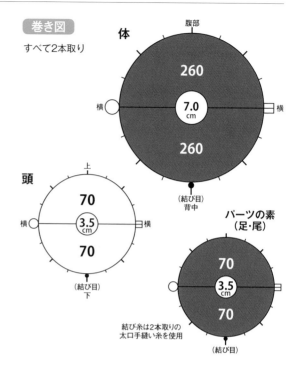

腹部

260

7.0 cm

横　横

260

（結び目）背中

頭

上

70

3.5 cm

横　横

70

（結び目）下

パーツの素（足・尾）

70

3.5 cm

70

（結び目）

結び糸は2本取りの太口手縫い糸を使用

できあがり！

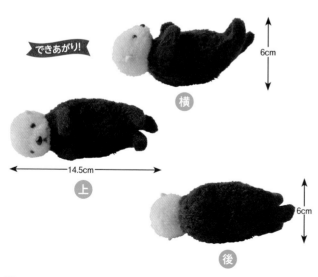

横

6cm

14.5cm

上

6cm

後

---

4 耳をフェルトで作り、ボンドで頭に接着する

フェルトに型紙を合わせ、耳を切る。

下の部分にボンドをつけ、半分に折ってクリップではさみ乾燥させる。

7 パーツの素を作り、前足、後足、尾を作る

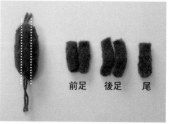

前足　後足　尾

パーツの素の3分の1から、それぞれ「前足2本」「後足2本」「尾」を型紙に合わせて切る。ニードルで棒状に刺しつけて、形を整える。

【水遊び】「アヒル」の作り方

難易度＝❶　　　　型紙P90

材料

毛糸	黄色（並太）	
目	さし目（黒）	6mm×2個
口ばし	フェルト（山吹色）	4cm×5cm
接続用	つまようじ	1本

作り方
1. 巻き図を参照して、頭と体のぽんぽんを作る。
2. ハサミでカットして、頭のぽんぽんの形を整える。
3. 目をボンドでつける。
　　→P50参照
4. フェルトに型紙を合わせて、口ばしを切る。
5. 2つ折りにしてクリップではさみ、折り目をつける。
　　→P49参照
6. 口ばしをボンドで貼る。
7. 頭と体をつまようじとボンドで接続する。
　　→P40、41参照
8. ぽんぽんの形をハサミで整える。

できあがり！

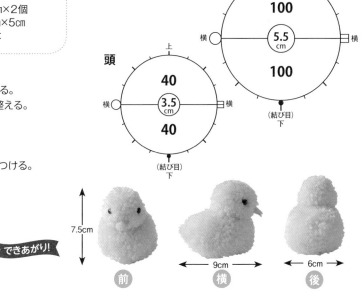

巻き図　すべて2本取り

体
100
5.5cm
100
横　横
上
（結び目）下

頭
40
3.5cm
40
横　横
上
（結び目）下

7.5cm

前　横　後
9cm　6cm

【水遊び】「浮き輪」の作り方

難易度＝❶

材料

毛糸	赤（並太）	
毛糸	白（並太）	
接続用	ワイヤー#24	50cm

巻き図　すべて2本取り

8個
40
3.5cm
40
横　横
上
（結び目）下

4個
40
3.5cm
40
横　横
上
（結び目）下

作り方
1. 巻き図を参照して、赤4個、白8個のぽんぽんを作る。＊
2. ワイヤーの端をクリップで止めてストッパーにする。
3. 12個のぽんぽんのたこ糸のわの中にワイヤーを通す。＊
4. ぽんぽんの境目がへこまないようにピンセットで毛糸を整える。＊
5. ワイヤーにボンドをつけ、ぽんぽんを接着する。
6. ワイヤーの両端をまとめペンチできつめにねじってカットし、ボンドで止める。
7. 表面がなめらかになるようにハサミでカットして仕上げる。＊

1

3

4

7

【敬老の日】「フクロウ」の作り方

材料

毛糸（頭）	白（合太）	
毛糸（頭・体・羽）	こげ茶（合太）	
毛糸（頭・体）	キャメル（並太）	
毛糸（頭・体・羽）	ベージュ（合太）	
目	さし目（プラスチックアイゴールド）	9mm×2個
目の縁取り	毛糸（こげ茶）	少量
口ばし	樹脂粘土（黒）	少量
接続用	つまようじ	1本

巻き図

頭

③～⑥ベージュ、キャメル
各1本2本取り

前 ④6
②27
1本取り
1本取り
③ 20　①156　⑤ 20
5.5cm
上　下
⑥107
（結び目）後

体

ベージュ、キャメル
各1本2本取り

前
①135
7.0cm
横　横
②100
（結び目）後

ベージュ、キャメル、こげ茶
各1本3本取り

羽（2個）　ベージュ、こげ茶
各1本2本取り

32
3.5cm
32
（結び目）　結び糸は2本取りの
太口手縫い糸を使用

作り方

1. 型紙に合わせて樹脂粘土で口ばしを作っておく。
   →P49参照
2. 巻き図と写真を参照して、頭のぽんぽんを作る。*
3. 頭の形をハサミで整える。→P47参照
4. 目を接着し、目の周りに毛糸をニードルで刺しつける。
   →P50参照
5. 口ばしをボンドで貼る。
6. 巻き図を参照して体のぽんぽんを作る。
7. 体の形をハサミで整える。
8. 頭と体を接続する。つまようじを4cmに切り、
   頭と体に2cmずつ差しボンドで接着する。→P40、41、50参照
9. 巻き図を参照して、羽のぽんぽんを作る。
10. 羽を作る。*
11. 羽をボンドで貼る。

2 頭のぽんぽんを作る

アームの中心寄り1／2に1本取りで白を巻く（156回）。

白に重ねて均等にこげ茶を1本取りで巻く（27回）。

キャメルとベージュの2本どりで左端に20回巻く。

そのままつなげて白とこげ茶の上に重ねて6回巻く。

続けて、右端のあいている部分に20回巻く。

上側が巻き終わり。下側も巻き図どおりに巻く。

10 羽を作る

結び目がはずれないようにボンドをつける。

結び糸の輪が隠れるように放射状に広げる。

縦長に置き、ニードルで薄く刺し固める。

結び糸を切らないように注意して、型紙に合わせて切る。

11.5cm

←6.5cm→　← 8cm →

できあがり!

前　横　後

材料

毛糸（猫）	黒（合太）	
毛糸（かぼちゃ）	オレンジ（並太）	
耳	フェルト（黒）	3cm×6cm
目	さし目（キャットアイ・ゴールド）	7.5mm×2個
鼻	羊毛フェルト（グレー）	少量
リボン	フェルト（オレンジ）	4cm×3cm
接続用	つまようじ	1本

作り方

1. 巻き図を参照して、かぼちゃのぽんぽんを作る。
2. 楕円を12等分して、つまようじでラインをつける。→P47参照
3. ニードルとハサミで形を整え、かぼちゃを仕上げる。
4. 巻き図を参照して、黒猫の頭のぽんぽんを作り、ニードルを使ってマズルを作り、形を整える。→P48参照
5. 目をボンドでつける。奥までグッと押し込むようにするとよい。
6. ニードルで羊毛フェルトの鼻を刺しつける。
7. 耳をフェルトで作り、クリップでくせづけしてから貼りつける。＊
8. 巻き図を参照して、棒状のパーツの素を作り、前足を作る。＊→P48参照
9. 前足をかぼちゃにつける。＊
10. 黒猫とかぼちゃをつまようじとボンドで接続する。→P50参照
11. フェルトをリボンの型紙に合わせて切る。
    糸で中心を結び、フェルトを巻いて裏で縫い止めたら、ボンドで貼る。

巻き図

すべて2本取り

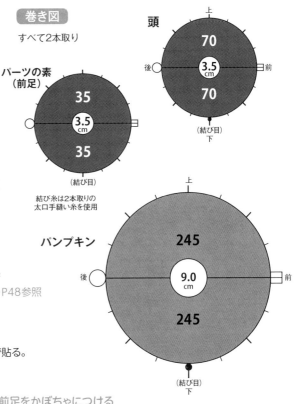

頭
70 / 70　3.5cm　後・前　（結び目）下

パーツの素（前足）
35 / 35　3.5cm　（結び目）

結び糸は2本取りの太口手縫い糸を使用

パンプキン
245 / 245　9.0cm　後・前　（結び目）下

---

7 耳をフェルトで作る

型紙に合わせて切った耳はクリップで15分ほどはさんで折り目をつける。

8 前足を作る

前足

棒状のパーツの素から前足2本を作る。

9 前足をかぼちゃにつける

直径約2cmの円をイメージして頭との接着部をニードルでへこませる。

顔の下から1cmほど出るイメージで前足をニードルで刺しつける。黒猫はつまようじとボンドで接続。

できあがり！

11cm
前

10cm
横

10cm
後

材料

毛糸	キャメル（並太）	
毛糸（体）	白（合太）	
目	さし目（黒）	8mm×2個
目の縁取り	毛糸（白）	少量
鼻	毛糸（こげ茶）	少量
接続用	つまようじ	1本
接続用	ワイヤー#22	15cm

巻き図

すべて2本取り

体　前・横・後

② 160
① 32
7.0 cm
③ 148
（結び目）後

頭
上
42
3.5 cm
横
42
（結び目）下

パーツの素（耳・前足・後足）
40
3.5 cm
40
（結び目）　結び糸は2本取りの太口手縫い糸を使用

しっぽ・4個
30
3.5 cm
30
（結び目）

作り方

1 巻き図を参照して、頭と体のぽんぽんを作る。

2 頭の形をハサミで整え、鼻先をニードルで刺し固める。

3 目をボンドで接着し、目の周りに白の毛糸をニードルで刺しつける。→P50参照

4 鼻を作り、ボンドでつける。＊

5 巻き図を参照してパーツの素を作り、耳と足を作る。＊→P48参照

6 耳はニードルで折り目をつけてから、ボンドで貼る。→P40、41参照

7 頭と体を接続する。→P40、41、45参照

8 体のぽんぽんの形をハサミとニードルで整える。

9 前足をニードルで刺しつけ、後足をボンドで貼る。→P45、46参照

10 巻き図を参照して、しっぽのぽんぽんを4個作る。

11 4個をワイヤーで接続してしっぽを作り、体に接着する。＊

4 鼻を作り、ボンドでつける

こげ茶の毛糸で玉結びを2回する。

ほどけないように全体にボンドをつけて乾かす。

乾いたら糸端を切り、ピンセットで形を整える。

5 耳と足を作る

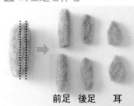

パーツの素の半分で前足2本を棒状に作り、残り半分をさらに縦半分にして薄く固め、それぞれ型紙に合わせて後足2本と耳をとる。

前足　後足　耳

11 4個をワイヤーで接続してしっぽを作り、体に接着する

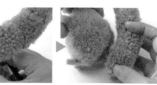

ワイヤーの先端を少し折り返し、ボンドでぽんぽんの中に接着する。

残り3つもたこ糸の輪にワイヤーを通し、ボンドで貼る。

少し曲げて形をイメージし、ハサミで形を整える。

出ているワイヤーをペンチで折り曲げ、5cm残して切る。

ワイヤーと体としっぽの接着部にボンドをつけて、体に差し込む。

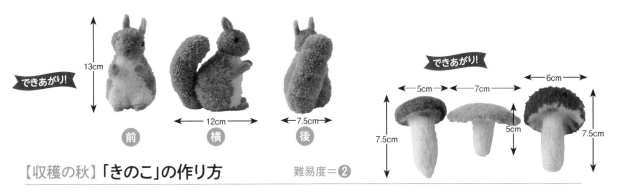

でき上がり!

13cm

前　横　後

12cm　7.5cm

でき上がり!

5cm　7cm　6cm

7.5cm　5cm　7.5cm

【収穫の秋】「きのこ」の作り方　　難易度＝❷

材料

きのこ1
毛糸(柄)　白(合太)
毛糸(かさ)　茶(中細)
きのこ2
毛糸(柄)　白(合太)
毛糸(かさ)　キャメル(並太)
きのこ3
毛糸(柄)　白(合太)
毛糸(かさ)　朱色(合太)

巻き図

すべて2本取り

きのこ1
(結び目)
②70
①88
7.0cm
巻きなし

きのこ2
(結び目)
巻きなし
42
7.0cm
64

きのこ3
(結び目)
②60
①70
7.0cm
巻きなし

作り方(きのこ1)

1　巻き図を参照して、ぽんぽんを作る＊。
2　かさの部分をニードルで刺し固める＊。
3　柄の部分をニードルで刺し固める＊。
4　かさの形をハサミとニードルで整える＊。
5　横から見て白い毛糸が出ているところをカットして仕上げる。＊。

1 巻き図を参照して、ぽんぽんを作る

アームの中央寄り2分の1だけに毛糸を巻く。

カットし、上でたこ糸を結ぶ。

アームはずしたら、たこ糸は結び目近くで切っておく。

2 かさの部分をニードルで刺し固める

茶色を下にし、白の一部を広げてニードルで放射状に刺しつける。

裏返してたこ糸は毛糸で隠し、かさ全体をニードルで刺し固める。

3 柄の部分をニードルで刺し固める

マットの角を利用しながら、柄の部分を棒状に刺し固める。

細くするときは、厚紙にはさんで指を保護して刺すとよい。

柄をカットして形を整える。

4 かさの形を整える

手で曲げて丸みをつけ、刺し固める。

5 仕上げる

横から見て、かさの下から出ている白い毛糸をカットして仕上げる。

※きのこ2、きのこ3も巻き図通りに巻き、同じ作り方で作ることができる。

【森の中で】「たぬき」の作り方

難易度＝❸　　型紙P93

材料

毛糸(頭、マズル)	白(合太)	
毛糸(頭)	アイボリー(中細)	
毛糸(頭・体)	茶(中細)	
毛糸(足、しっぽ)	こげ茶(合太)	
耳	フェルト(こげ茶)	3cm×6cm
目	さし目(黒)	5mm×2個
鼻	さし目楕円(黒)	4.5mm×1個
接続用	つまようじ	1本

巻き図　指定外は、すべて2本取り

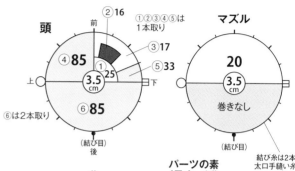

頭
②16
①②③④⑤は1本取り
前
③17
④85
①25
⑤33
3.5cm
上
下
⑥は2本取り
⑥85
(結び目)
後

マズル
20
3.5cm
巻きなし
(結び目)

結び糸は2本取り
太口手縫い糸を使

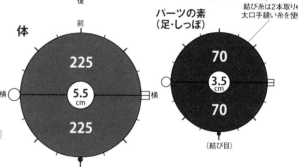

体
前
225
5.5cm
横
横
225
(結び目)
後

パーツの素(足・しっぽ)
70
3.5cm
横
70
(結び目)

作り方

1. 巻き図を参照して、頭と体のぽんぽんを作る。→P42、43参照
2. ハサミでカットして頭の形を整える。→P47参照(模様の整え方)
3. 巻き図を参照して、マズルのぽんぽんを巻き、マズル用のパーツを作る。*
4. 顔にマズルをつける。*
5. 目と鼻をボンドでつける。→P50参照
6. 耳をクリップで折り目をつけてボンドで接着する。→P49参照
7. 頭と体を接続する。→P40、41、45参照
8. 体のぽんぽんの形をハサミとニードルで整える。→P45、46参照
9. 巻き図を参照して、パーツの素を作る。→P48参照
10. パーツの素から、足としっぽを作る。*→P48参照
11. 前足をニードルで刺しつける。後足としっぽをボンドでつける。→P46参照

3 マズル用のパーツを作る

アームからはずした毛糸を手縫い糸で結ぶ。

片側に毛糸を寄せて、ニードルで軽く刺してふんわり固める。

毛糸がまとまったら、糸を切る。

糸を切って毛糸が浮いたところをニードルで刺して固め、マズルを作る。

4 顔にマズルをつける

目の間にマズルを刺しつけ、周りの毛糸をマズルに刺して、なじませる。

ハサミでカットして整える。目の模様はピンセットで整える。

10 足としっぽを作る

パーツの素を縦半分にカットして前足2本を、残りの半分をさらに縦半分にカットして、それぞれから後足2本、しっぽを作る。

できあがり!

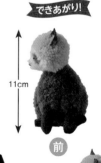
11cm
前

10.5cm
横
6.5cm
後

70

材料

毛糸	キャメル（並太）	
毛糸	白（合太）	
目	さし目（黒）	6mm×2個
目のふち	羊毛フェルト（黒）	少量
鼻	毛糸（淡いピンク）	少量
口	毛糸（こげ茶）	少量
耳	フェルト（キャメル）	3cm×5cm
足	フェルト（ベージュ）	3cm×8cm
接続用	つまようじ	1本

巻き図

すべて2本取り

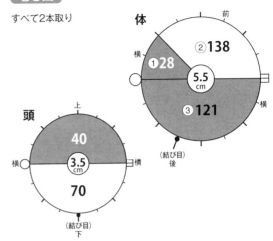

体
② 138
① 28
横　前
5.5 cm
③ 121
横
（結び目）
後

頭
横　上　横
40
3.5 cm
70
（結び目）
下

作り方

1 巻き図を参照して、頭と体のぽんぽんを作る。

2 ぽんぽんの向きに注意して、
　ハサミでカットして頭の形を整える。→P47参照

3 鼻先が少し細くなるようにニードルで刺し固める。

4 目をボンドでつける。→P50参照

5 鼻を毛糸で作ってボンドでつける。→P68参照

6 ニードルを使い、毛糸で口をつける。→P44参照

7 フェルトで耳を作って接着する。＊

8 頭と体を接続し、ハサミとニードルで形を整える。
　→P40、41、45参照

9 目のふちに羊毛フェルトを刺しつける。＊→P50参照

10 フェルトに型紙を合わせて足を切り、表面加工する。＊

11 前足は体に差し込んでボンドでつける。、後足はボンドで貼る。

7 フェルトで耳を作って接着する

耳の根元部分にボンドを塗り、半分に折る。

クリップで止めて、ボンドが乾くまで置く。

9 目のふちに羊毛フェルトを刺しつける

目頭と目尻をとがらせるように、ニードルで羊毛フェルトを刺しつける。

10 フェルトに型紙を合わせて足を切り、表面加工する

フェルトの表と裏につまようじでボンドを塗る。

乾いたら、指の部分をカットする。

前足は指先をまるめるようにしてボンドを乾かす。

できあがり。

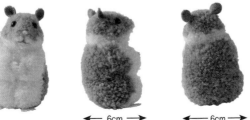

できあがり!

11cm

前　横　後

6cm　6cm

材料

毛糸	白（中細）	
目	さし目（黒）	3mm×2個
耳・目のふち、鼻	フェルト（黒）	4cm×5cm
口	太口手縫い糸（黒）	3cm
鼻、帽子の上	ぼんてん（白）	1.2cm×2個
帽子、マフラー	フェルト（赤）	5cm×20cm
帽子（中）	綿	少量
接続用	つまようじ	1本

作り方

1. 巻き図を参照して、頭と体のぽんぽんを作る。
2. ハサミでカットして頭の形を整える。
3. 顔のパーツを用意する。＊
4. フェルトの鼻をぼんてんに貼り、口のラインは手縫糸で作る。＊
5. それぞれのパーツをボンドで貼る。
6. 体のぽんぽんをハサミで整え、つまようじとボンドで頭と接着する。→P50参照
7. 赤いフェルトを1cm×20cmの長方形に切り、マフラーにしてボンドでつける。
8. 帽子の型紙に合わせてフェルトをカット、形を仕上げてボンドで頭に貼る。＊

巻き図

体

すべて2本取り

前 / 横 / 225 / 5.5cm / 横 / 225 / （結び目）後

頭

上 / 前 / 85 / 3.5cm / 下 / 85 / （結び目）後

ツリー

前 / 横 / 120 / 7.0cm / 横 / 120 / （結び目）後

3 顔のパーツを用意する

フェルトを型紙に合わせて、耳、鼻、目のふちを切る。

目はふちになる黒いフェルトの上部に目打ちで穴をあけ、さし目を差し込む。

8 帽子を作る

フェルトののりしろにボンドを貼り、帽子の形にする。綿を中につめる。

トップにボンドでぼんてんを貼る。

4 口のラインは手縫糸で作る

ボンドをつけた手縫糸をピンセットでつまみ形を作る。乾いたら長さをハサミで調整する。

できあがり！

12cm ← 5.5cm → 前

【クリスマス】「クリスマスツリー」の作り方　難易度＝❶

材料

毛糸	緑（並太）	
飾り	ビーズ（好みのサイズ・色）	適量

作り方

1. 巻き図を参照して、ツリーのぽんぽんを作る。
2. 円錐状にハサミでカットする。
3. 好みのビーズをボンドで貼る。

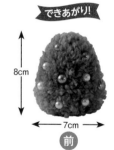

できあがり！

8cm ← 7cm → 前

【お正月】「シマエナガの鏡餅」の作り方 難易度＝❶ 型紙P93

材料

毛糸(橙)	オレンジ(並太)	
毛糸(餅)	白(並太)	
目	さし目(黒)	6mm×2個
口ばし	樹脂粘土(黒)	少量
紐	赤紐	50cm
接続用	つまようじ	2本

作り方

1 型紙に合わせて、樹脂粘土で口ばしを作っておく。→P49参照
2 巻き図を参照して、橙、お餅のぽんぽんを作る。
3 それぞれハサミでカットして形を整える。
4 頭に目と口ばしをボンドでつける。
5 頭とお餅をつまようじを使って、ボンドで接着する。→P50参照
6 橙を5の頭の上につまようじを使って、ボンドで接着する。→P50参照
7 赤紐を結ぶ。

巻き図

すべて2本取り

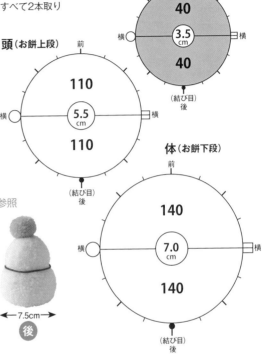

橙
40 / 3.5cm / 40
前 横 横 (結び目)後

頭(お餅上段)
110 / 5.5cm / 110
前 横 横 (結び目)後

体(お餅下段)
140 / 7.0cm / 140
前 横 横 (結び目)後

できあがり!

11.5cm
7.5cm
7.5cm

前　横　後

【新年の願いごと】「ひよこだるま」の作り方 難易度＝❶ 型紙P91

材料

毛糸	赤(並太)	
毛糸	黄色(並太)	
目	さし目(黒)	5mm×4個
口ばし	フェルト(薄い黄色)	2cm×3cm
模様	フェルト(山吹色)	2cm×6cm

作り方

1 巻き図を参照して、ぽんぽんを作る。→P43参照
2 ぽんぽんの形をハサミで整え、顔の部分を段差カットする。
　→P47参照
3 それぞれのフェルトに型紙を合わせて、口ばしと模様を切る。
4 口ばしは、2枚をボンドで貼り合わせる。
5 目、口ばしと模様をボンドで貼る。

巻き図　指定外は、すべて2本取り

全身

1本取り
②88 / ①35 / 5.5cm / ③118
上 前 後 (結び目)下

できあがり!

6cm
6cm

前

【バレンタイン】「ハリネズミ」の作り方　難易度＝❷　型紙P91

材料

毛糸(ハリネズミ)	白(合太)	
毛糸(ハリネズミ)	アイボリー(中細)	
毛糸(ハリネズミ)	茶(中細)	
毛糸(イチゴ)	赤(並太)	
目	さし目(黒)	6mm×2個
鼻	樹脂粘土(茶)	少量
耳	フェルト(こげ茶)	2cm×4cm
前足	フェルト(ベージュ)	3cm×5cm
接続用	つまようじ	1本

巻き図

指定外は、
すべて2本取り

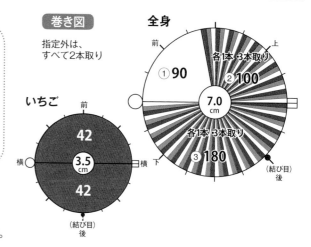

全身

前　上　後
① 90　② 100　各1本・3本取り
7.0 cm
③ 180　各1本・3本取り
(結び目)後

いちご

前
42
3.5 cm
横　目　横
42
(結び目)後

作り方

1. 型紙に合わせて、樹脂粘土で鼻を作っておく。
   →P49参照
2. フェルトに型紙を合わせて前足を切り、表面加工しておく。
   →P49参照
3. 巻き図を参照して、ぽんぽんを作り、
   おおまかにハサミでカットする。→P42、43参照
4. 段差カットで顔の輪郭を整える。*
5. 中央より少し上にニードルで鼻先をとがらせるように
   マズルを作る。→P48参照
6. 目を仮差し、鼻を仮置きしてバランスをみて、
   形をハサミで整える。*
7. 全体の形ができたら、目と鼻をボンドでつける。
8. フェルトに型紙を合わせて耳を切り、ボンドで貼る。
9. 前足を毛糸に差し込み、ボンドで貼る。*
10. 巻き図を参照して、いちごのぽんぽんを作る。
11. ハサミでカットして、いちごの形に整える。
13. いちごをつまようじとボンドで、ハリネズミに接続する。
   →P50参照

4 段差カットで顔の輪郭を整える

3色の部分をよけて、白い部分を丸くカットしていく。

色の境目に段差ができ、輪郭が際立つ。

6 形をハサミで整える

目を仮差し、鼻を仮置きして、バランスを確認する。

ハサミやニードルで形を整える。

9 前足をボンドで貼る

前足を仮差ししてみて、良ければボンドで貼る。

できあがり!

12.5cm

前　横　後
←7.5cm→　←8cm→

【バレンタイン】「チョコレートケーキ」の作り方　　難易度＝❷　　型紙P93

材料

毛糸	茶（合太）
毛糸（チョコクリーム）	キャメル（並太）
毛糸（ホイップクリーム）	白（合太）
ハートチョコ	フェルト（こげ茶）3cm×6cm

巻き図

すべて2本取り

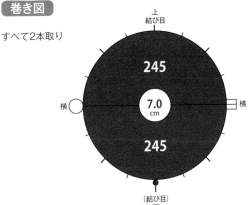

上
結び目

横 — 7.0cm — 横

245

245

（結び目）
下

作り方

1 巻き図を参照してぽんぽんを作る。
2 ケーキの形におおまかにカットする。＊
3 ニードルで表面を整える。＊
4 ケーキの横の部分をカットして整える。＊
5 毛糸でチョコクリームを描く。＊
6 チョコクリームの位置を合わせて、反対側も同じように描く。
7 上に乗せるホイップクリームを作る。＊
8 フェルトでハートチョコを2枚切り、貼り合わせる。
9 ケーキの上にホイップクリームをボンドで貼る。
10 ホイップクリームにハートチョコをボンドで貼る。

2 ケーキの形におおまかにカットする

ぽんぽんの向きを確認する。

楕円の長い方を両端からそれぞれ4分の1程度カットする。

3 ニードルで表面を整える

毛糸同士をつなぐようにニードルで刺し固める。

ひっくり返して、反対側も同様に刺し固める。

4 ケーキの横の部分をカットして整える

ぐるりと1周カットして整える。底面は平らにして置きやすくする。

5 毛糸でチョコクリームを描く

うずまきをイメージして毛糸を置き、端からニードルで刺しつけていく。

少しずつ刺しつけ、最後はくるっと巻きつけるようにして刺す。余分な毛糸は切る。

7 上に乗せるホイップクリームを作る

毛糸を人差し指と中指に10回巻いて切る。

指からはずして、ねじる。

ねじった状態で置き、ニードルで軽く刺し、毛糸をつなぎとめる。

 できあがり！

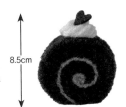

8.5cm

7.5cm

3.5cm

前　　横　　上

75

【ペンギンのお散歩】「マフラーを巻いたイワトビペンギン」の作り方 　難易度＝❷　　型紙P91

材料

毛糸（頭・体）	黒（合太）	
毛糸（体）	白（合太）	
毛糸（冠羽）	黄色（並太）	
目	さし目（プラスチックアイ・クリアブラウン）	6mm×2個
口ばし	樹脂粘土（赤、パステルピンク）	少量
羽（外側）	フェルト（黒）	7cm×6cm
羽（内側）	フェルト（白）	7cm×6cm
足	フェルト（ベージュ）	3cm×5cm
マフラー	毛糸（並太水色）	50cm×3本
接続用	つまようじ　1本	

巻き図

指定外は、
すべて2本取り

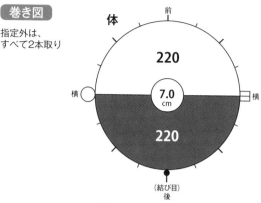

作り方

1 型紙に合わせて、樹脂粘土で口ばしを作っておく。
　　→P49参照
2 フェルトで足を作り、羽を作っておく。*
3 巻き図を参照して、頭のぽんぽんを作る。*
4 頭の形をハサミで整える。
5 目と口ばしをボンドでつける。
6 巻き図を参照して、体のぽんぽんを作り、ハサミで整える。
　つまようじとボンドで頭と接着する。
　　→P50参照
7 羽と足をボンドでつける。
8 毛糸を三つ編みしてマフラーを作り、巻きつける。*

2 羽を作っておく

黒と白のフェルトをボンド
で貼りつけ、内向きにく
せをつけて乾かす

長い冠羽が
できた。

7 巻き図を参照して、頭のぽんぽんを作る

2本取りで黒を29回巻
いた後、黄色を1本取り
で指のまわりに9回巻く。

長い黄色の毛糸を洗濯
バサミではさんで横に持っ
てくる。

黒を2本取りで36回、黄
色の毛糸にも乗せるよう
にして巻く。

反対側も巻き終わったら
黒の毛糸をカットする。

黄色の毛糸は輪をカット
する。

8 マフラーを作る

毛糸を三つ編みして、マ
フラーを作る。両端から
2cmのところにそれぞれ
結び目を作る。

できあがり！

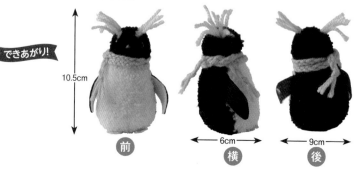

10.5cm

6cm

9cm

前　　　横　　　後

ぽんぽんで作る
キュートな干支たち

簡単に作れるシンプルなデザインなので、初めて挑戦する方にもお勧めです。新年を迎えるごとに、干支を作って飾ったり、身近に置いてみるのも楽しいのではないでしょうか。お子さんやお孫さんへのプレゼントにもぜひ！

簡単に作れて、
プレゼントにも最適

午

戌

寅

酉

子

辰

申

子 ＝ねずみ　　　**難易度＝❶**　　　　　　　　　　　　　　　型紙P94

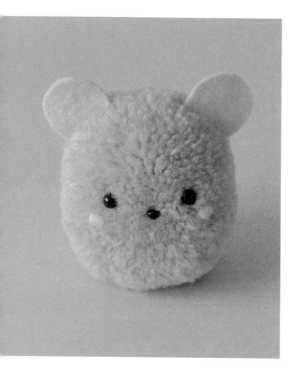

材料

毛糸	ライトグレー（中細）	
目	さし目（黒）	5㎜×2個
鼻	さし鼻（黒）	4.5㎜×1個
耳	フェルト（グレー）	4㎝×6㎝
頬	フェルト（ピンク）	1㎝×2㎝

作り方

1　巻き図を参照して、ぽんぽんを作る。
2　ハサミでカットしてぽんぽんの形を整える。
3　目と鼻をボンドで貼る。
4　フェルトに型紙を合わせて耳を切る。
5　フェルトから頬を切り出す。
　　→P49参照
6　耳と頬をボンドで貼る。

巻き図　すべて2本取り

全身

前

250

5.5
cm

横　　　　　　　　　　横

250

（結び目）
後

できあがり！

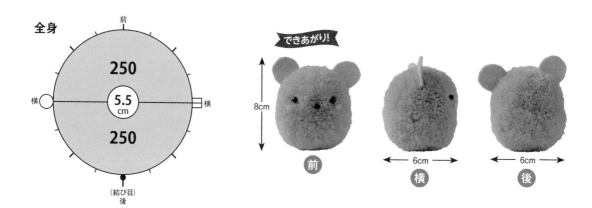

8cm

前

6cm

横

6cm

後

丑 ＝うし　難易度＝❶

材料

毛糸	白（合太）	
毛糸	黒（合太）	
目	さし目（黒）	5mm×2個
鼻	ぽんてん（オフホワイト）	1.2cm×1個
鼻の穴	縫い糸（黒）	30cm
つの	フェルト（淡い黄色）	3cm×5cm
耳	フェルト（黒）	3cm×5cm
頬	フェルト（ピンク）	1cm×2cm

作り方

1　巻き図を参照して、ぽんぽんを作る。
2　ハサミでカットして、ぽんぽんの形を整える。
　　→P47参照（模様の整え方）
3　縫い糸を使ってぽんてんに玉止めをして、鼻の穴を作る。＊
　　→P50参照
4　目と鼻をボンドで貼る。
5　フェルトに型紙を合わせて耳とつのを切る。
6　フェルトから頬を切り出す。→P49参照
7　耳、つの、頬をボンドで貼る。

鼻の穴の作り方　→P50参照

ぽんてんに2ヶ所玉止めをして鼻の穴を作る。

巻き図　すべて2本取り

全身

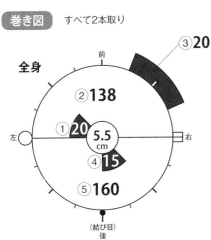

前
③**20**
②**138**
①**20**
5.5cm
左　右
④**15**
⑤**160**
（結び目）後

できあがり！

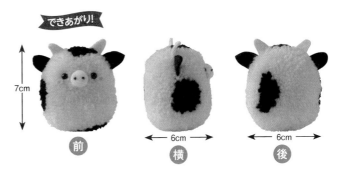

7cm

前　　横　6cm　　後　6cm

材料

毛糸	黄色(中細)	
毛糸	白(合太)	
目	さし目(黒)	5mm×2個
鼻	さし鼻(黒)	4.5mm×1個
マズル	ぽんてん(白)	1cm×1個
耳(外側)	フェルト(黄土色)	3cm×5cm
耳(内側)	フェルト(クリーム)	3cm×5cm
頬	フェルト(ピンク)	1cm×2cm
模様	フェルト(黒)	6cm×10cm

作り方

1　巻き図を参照して、ぽんぽんを作る。
　　→P43参照(2色巻き)
2　ハサミでカットしてぽんぽんの形を整える。
　　→P47参照(模様の整え方)
3　ぽんてんにさし鼻を貼って鼻を作る。→P50参照
4　目と鼻をボンドで貼る。
5　フェルトに型紙を合わせて耳を切り、内側と外側をボンドで貼る。
6　フェルトから頬、模様のパーツを切り出す。＊→P49参照
7　耳、頬、模様をボンドで貼る。

6　模様のパーツの作り方

3〜4mm巾で細長く切ったフェルトを型紙に合わせて切る。背中の模様は、ぽんぽんに合わせて長さを調節する。

巻き図　指定外は、すべて2本取り

全身

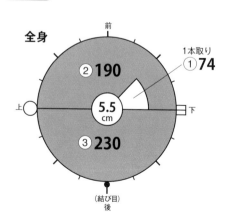

前
② **190**
① **74** 1本取り
上 ○
5.5 cm
下
③ **230**
(結び目) 後

できあがり!

6.5cm

前　　横　　後
5.5cm　6.5cm

材料

毛糸	ピンク（中細）	
目	さし目	5mm×2個 （小は4mm×2個）
鼻	さし鼻	4.5mm×1個（共通）
耳（外側）	フェルト（ピンク）	5cm×6cm （小は4cm×5cm）
耳（内側）	フェルト（白）	5cm×6cm （小は4cm×5cm）
頬	フェルト（淡ピンク）	1cm×2cm

作り方

1　巻き図を参照して、ぽんぽんを作る。
2　ハサミでカットしてぽんぽんの形を整える。
3　目と鼻をボンドで貼る。
4　フェルトに型紙を合わせて耳の外側と内側を切る。
5　耳の内側と外側を貼り合わせ、下の部分にボンドをつけ、
　　クリップで挟んで乾かす。＊
6　フェルトから頬を切り出す。→P49参照
7　耳と頬をボンドで貼る。
　　※作り方は大小共通。
　　　ぽんぽんのサイズと耳の大きさのみが異なる。

5　耳の作り方

ボンド

耳の下の部分にボン　　半分に折り、クリップ
ドを塗る。　　　　　で挟んでボンドを乾
　　　　　　　　　　かす。

巻き図　すべて2本取り

全身

前

220

横 ○　　5.5 cm　　□ 横

220

（結び目）
後

小

前

上 ○　　3.5 cm　　□ 下

85

85

（結び目）
後

できあがり！

9.5cm

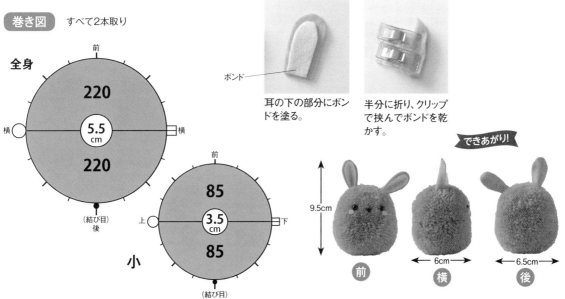

前　　　横 ←6cm→　　後 ←6.5cm→

材料

毛糸	緑（中細）	
目	さし目	5mm×2個
鼻の穴	縫い糸（黒）	30cm
つの	フェルト（薄黄）	4cm×8cm
耳、たてがみ、しっぽ	フェルト（緑）	10cm×10cm
眉、鼻、鼻上の模様	フェルト（ベージュ）	4cm×5cm
ひげ	フェルト（こげ茶）	3cm×5cm
頬	フェルト（ピンク）	1cm×2cm

作り方

1 巻き図を参照して、ぽんぽんを作る。

2 ハサミでカットしてぽんぽんの形を整える。

3 それぞれのフェルトに型紙を合わせて、つの、耳、たてがみ、しっぽ、眉、鼻、鼻上の模様を切る。つのはボンドで貼り、2枚仕立てにする。

4 縫い糸を使って3で切ったフェルトの鼻に玉止めで鼻の穴をつけ、鼻を作る。
→P50参照

5 耳の下の部分にボンドをつけ、クリップで挟んで乾かす。
→P49参照

6 ひげの型紙より少し大きめに切ったフェルトをボンドで表面加工する。乾いたら型紙に合わせてひげを切る。

7 目と3と6のパーツをボンドで貼る。

8 フェルトから頬を切り出す。→P49参照

9 頬をボンドで貼る。

巻き図　すべて2本取り

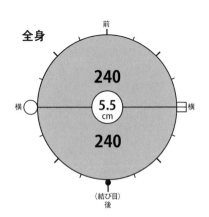

全身

240

5.5 cm

240

横　　　横

前

（結び目）
後

できあがり！

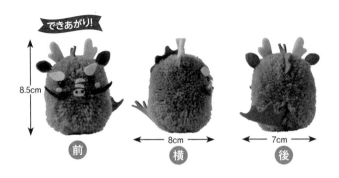

8.5cm

前

8cm　横

7cm　後

巳 ＝へび　　難易度＝❷

型紙P94

材料

毛糸	ラベンダー（中細）	
目	さし目（黒）	5mm×2個
舌	フェルト（ボルドー）	2cm×4cm
頬	フェルト（ピンク）	1cm×2cm
接続用	つまようじ	1本

作り方

1　巻き図を参照して、頭と体のぽんぽんを作る。
2　ハサミでカットして頭のぽんぽんの形を整える。
3　体のぽんぽんは上下が平らになるようにカットして形を整える。
4　体の後ろからつまようじで体のラインをつけていく。*
5　ハサミとニードルを使って、ラインに合わせて筋を作る。
　　→P47参照（筋のつけ方）
6　頭と体をつまようじとボンドで接続する。→P40、41、50参照
7　目をボンドで貼る。
8　フェルトで舌を作って、ボンドで貼る。
9　フェルトから頬を切り出す。→P49参照
10　頬をボンドで貼る。

4　体のラインの作り方

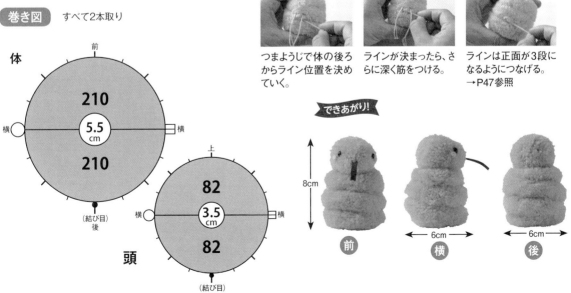

つまようじで体の後ろからライン位置を決めていく。

ラインが決まったら、さらに深く筋をつける。

ラインは正面が3段になるようにつなげる。→P47参照

巻き図　すべて2本取り

体

前　210／5.5cm／210／横／横／（結び目）後

頭

上　82／3.5cm／82／横／横／（結び目）下

できあがり！

前　8cm　横　6cm　後　6cm

材料

毛糸	こげ茶（中細）	
目	さし目（黒）	5mm×2個
耳	フェルト（茶）	3cm×4cm
たてがみ、しっぽ	フェルト（こげ茶）	5cm×6cm
頬	フェルト（ピンク）	1cm×2cm
接続用	つまようじ	1本

作り方

1 巻き図を参照して、頭と体のぽんぽんを作る。
2 ハサミでカットして頭と体のぽんぽんの形を整える。
3 頭と体をつまようじとボンドで接続する。
　→P40〜41参照
4 目をボンドで貼る。
5 それぞれのフェルトに型紙を合わせて、耳、たてがみ、しっぽを切る。
6 耳の下の部分にボンドをつけ、クリップで挟んで乾かす。
　→P49参照
7 5のパーツをボンドで貼る。
8 フェルトから頬を切り出す。→P49参照
9 頬をボンドで貼る。

できあがり!

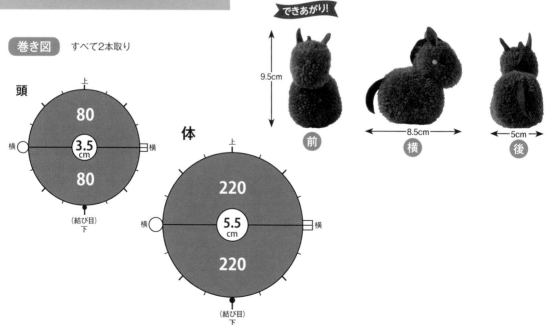

9.5cm

前　　　横　8.5cm　　　後　5cm

巻き図　すべて2本取り

頭

上
横 ○ ── 3.5cm ── 横
80
80
（結び目）
下

体

上
横 ○ ── 5.5cm ── 横
220
220
（結び目）
下

未 ＝ひつじ　　難易度＝**①**

材料

毛糸	白（中細）	
毛糸	ベージュ（中細）	
目	さし目（黒）	5mm×2個
鼻	さし鼻（黒）	4.5mm×1個
耳	フェルト（クリーム）	3cm×5cm
頬	フェルト（ピンク）	1cm×2cm

作り方

1　巻き図を参照してぽんぽんを作る。
　　→P43参照（2色巻き）
2　ハサミでカットして、ぽんぽんの形を整える。
3　顔をハサミで段差カットする。
　　→P47参照
4　目と鼻をボンドで貼る。
5　フェルトに型紙を合わせて耳を切る。
6　耳の下の部分にボンドをつけ、クリップで挟んで乾かす。
　　→P49参照
7　フェルトから頬を切り出す。
　　→P49参照
8　耳と頬をボンドで貼る。

巻き図　指定外は、すべて2本取り

全身

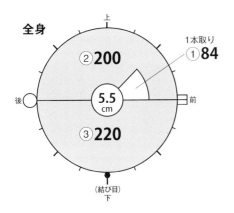

上
1本取り
①**84**
②**200**
5.5cm
後　　前
③**220**
（結び目）
下

できあがり！

6.5cm

5.5cm

6cm

前　　横　　後

材料

毛糸	こげ茶（中細）	
毛糸	ベージュ（合太）	
目	さし目（黒）	5mm×2個
鼻	さし鼻（黒）	4.5mm×1個
耳（外側）	フェルト（こげ茶）	2cm×5cm
耳（内側）	フェルト（ベージュ）	2cm×4cm
頬	フェルト（ピンク）	1cm×2cm

「小」の材料
毛糸・頬は「大」と同じ

目	さし目（黒）	4mm×2個
鼻	さし鼻（黒）	2mm×1個
耳（外側）	フェルト（こげ茶）	2cm×3cm
耳（内側）	フェルト（ベージュ）	2cm×3cm

作り方

1 巻き図を参照して、ぽんぽんを作る。
　→P43参照（2色巻き）
2 ハサミでカットしてぽんぽんの形を整える。
　→P47参照（模様の整え方）
3 目と鼻をボンドで貼る。
4 フェルトに型紙を合わせて耳の外側と内側を切る。
5 耳の内側と外側をボンドで貼り合わせる。
6 フェルトから頬を切り出す。→P49参照
7 耳と頬をボンドで貼る。
　※作り方は大小共通。ぽんぽんのサイズ、目、鼻、耳の大きさが
　　異なる。

巻き図　指定外は、すべて2本取り

全身

できあがり!

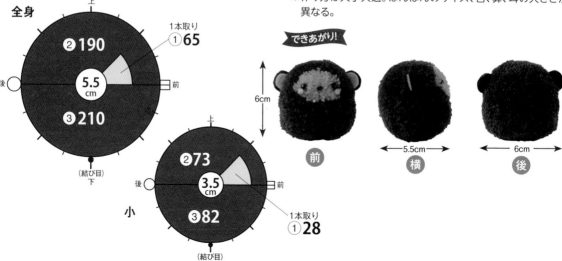

前　　　横　　　後

86

材料

毛糸	白（中細）	
目	さし目（黒）	5mm×2個
口ばし	フェルト（山吹色）	2cm×3cm
とさか、肉ひげ	フェルト（赤）	5cm×5cm
頬	フェルト（ピンク）	1cm×2cm

作り方

1　巻き図を参照して、ぽんぽんを作る。

2　ハサミでカットして、ぽんぽんの形を整える。

3　それぞれのフェルトに型紙を合わせて、口ばし、とさか、肉ひげを切る。

4　口ばし2枚をボンドで貼り合わせる。

5　目と3で切ったパーツをボンドで貼る。

6　フェルトから頬を切り出す。
　　→P49参照

7　頬をボンドで貼る。

巻き図　すべて2本取り

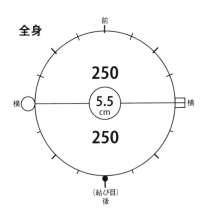

全身

前

250

5.5 cm

横　　　　　横

250

（結び目）
後

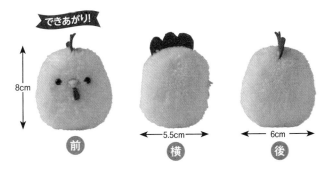

できあがり!

8cm

前

5.5cm

横

6cm

後

---〔 **材料** 〕**戌（小）**---

目	さし目	4mm×2個
マズル	ぽんてん（白）	1cm×1個
耳	フェルト（キャメル）	4cm×5cm

※その他はP35の戌（大）材料と共通。

作り方はP35-P37「基本の作り方❶」を参照。

〔 **巻き図** 〕　すべて2本取り

全身

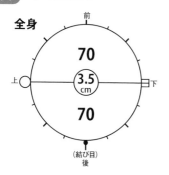

アレンジしてみよう!

干支の動物ぽんぽんは、市販のパーツを使って簡単にキーホルダーやヘアゴムなどにアレンジすることが可能です。作品をいつもそばに置いて楽しんでみましょう。プレゼントにも喜んでいただけるのではないでしょうか。

キーホルダーに!

ぽんぽんを作るとき、たこ糸は上部で結ぶ。そのたこ糸に丸カンを通す。

2回、固く結ぶ。

余ったたこ糸を短く切る。

ボンドをつけて結び目を隠す。

できあがり!

クリップ&ブローチに!

できあがり!

台座にたっぷりボンドをつける。

ぽんぽんに貼りつける。

ヘアゴムに!

ぽんぽんの後ろにたこ糸の結び目がくるようにして、ヘアゴムに通す。

しっかり2回結ぶ。余分なたこ糸を切り、ボンドをつけて、周りの毛糸で結び目を隠す。

できあがり!

亥 ＝いのしし 難易度＝❶

型紙P90

材料

毛糸	キャメル（並太）	
目	さし目（黒）	5mm×2個
耳	フェルト（キャメル）	3cm×6cm
鼻、体の模様	フェルト（こげ茶）	10cm×5cm
鼻の穴	縫い糸（黒）	30cm
牙	フェルト（クリーム）	2cm×2cm
頬	フェルト（ピンク）	1cm×2cm

作り方

1　巻き図を参照して、ぽんぽんを作る。
2　ハサミでカットしてぽんぽんの形を整える。
3　それぞれのフェルトに型紙を合わせて、耳、牙、鼻を切る。
4　フェルトから体の模様を切り出す。
　　→P49参照
5　縫い糸を使って3で切ったフェルトの鼻に玉止めを2ヶ所して、
　　鼻の穴を作る。
　　→P50参照
6　目と3、4のパーツをボンドで貼る。
7　フェルトから頬を切り出す。
　　→P49参照
8　頬をボンドで貼る。

巻き図　すべて2本取り

全身

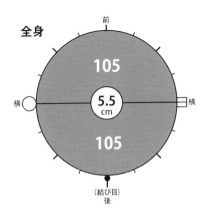

前
105
横　　5.5cm　　横
105
（結び目）後

できあがり!

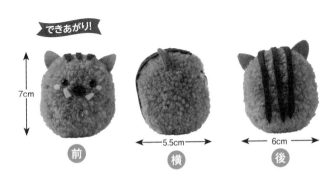

7cm

前　　横 ←5.5cm→　　後 ←6cm→

実物大型紙

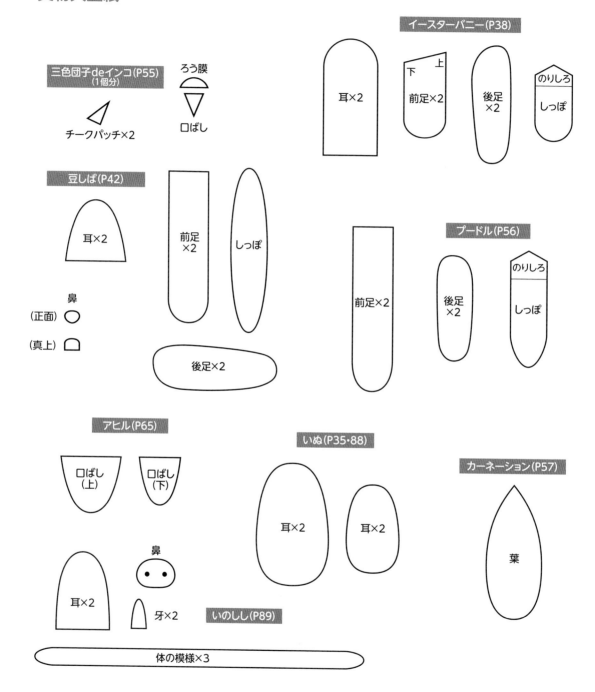

イースターバニー(P38)

耳×2

下 上
前足×2

後足×2

のりしろ
しっぽ

三色団子deインコ(P55)
(1個分)

ろう膜

口ばし

チークパッチ×2

豆しば(P42)

耳×2

前足×2

しっぽ

プードル(P56)

前足×2

後足×2

のりしろ
しっぽ

鼻
(正面)
(真上)

後足×2

アヒル(P65)

口ばし(上)

口ばし(下)

いぬ(P35・88)

耳×2

耳×2

カーネーション(P57)

葉

鼻

耳×2

牙×2

いのしし(P89)

体の模様×3

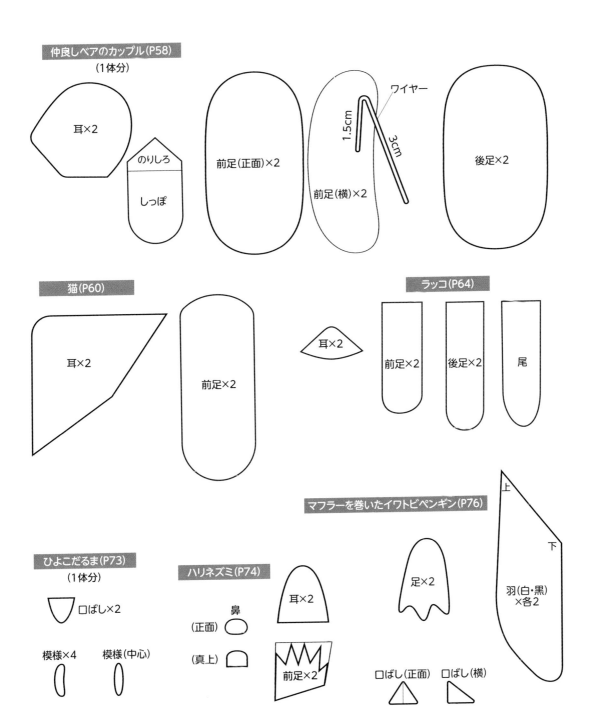

仲良しベアのカップル(P58)
（1体分）

耳×2

のりしろ

しっぽ

前足(正面)×2

前足(横)×2

ワイヤー

1.5cm

3cm

後足×2

猫(P60)

耳×2

前足×2

ラッコ(P64)

耳×2

前足×2

後足×2

尾

マフラーを巻いたイワトビペンギン(P76)

上

下

足×2

羽(白・黒)
×各2

ひよこだるま(P73)
（1体分）

口ばし×2

模様×4

模様(中心)

ハリネズミ(P74)

鼻

(正面)

(真上)

耳×2

前足×2

口ばし(正面)

口ばし(横)

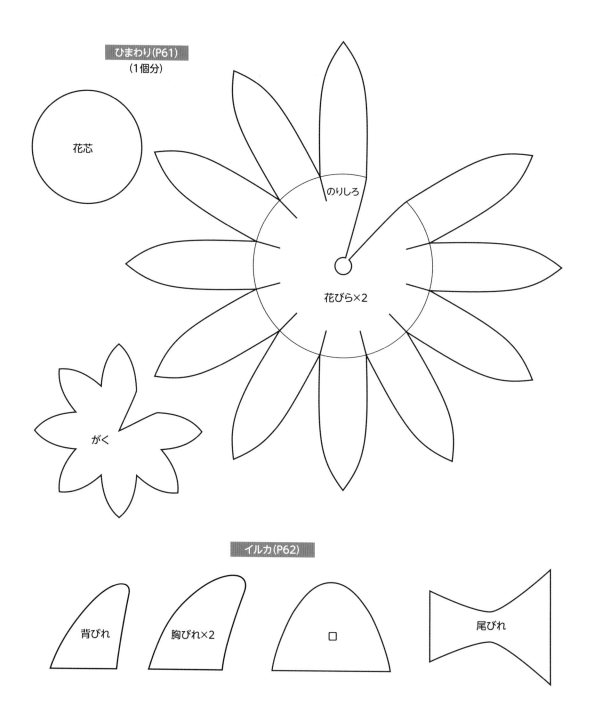

ひまわり（P61）
（1個分）

花芯

のりしろ

花びら×2

がく

イルカ（P62）

背びれ

胸びれ×2

□

尾びれ

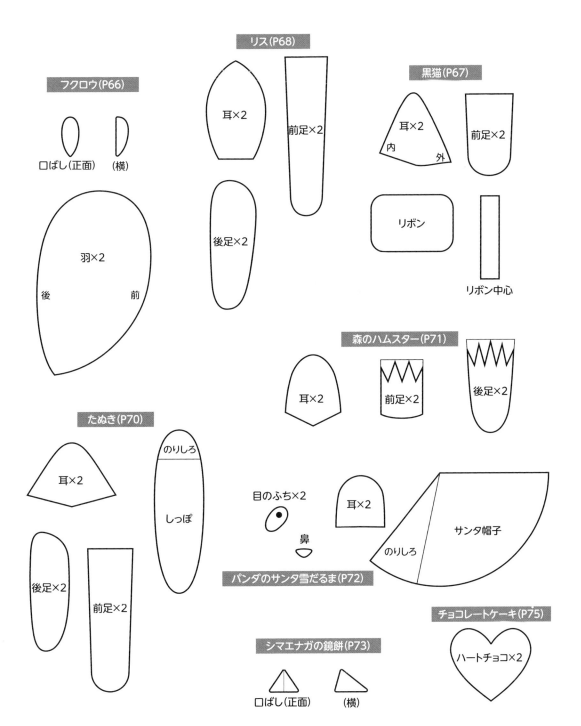

フクロウ(P66)

口ばし(正面)　(横)

羽×2
後　前

リス(P68)

耳×2
前足×2
後足×2

黒猫(P67)

耳×2
内　外
前足×2

リボン

リボン中心

森のハムスター(P71)

耳×2
前足×2
後足×2

たぬき(P70)

耳×2
のりしろ
しっぽ
後足×2
前足×2

目のふち×2
鼻
耳×2

のりしろ
サンタ帽子

パンダのサンタ雪だるま(P72)

シマエナガの鏡餅(P73)

口ばし(正面)　(横)

チョコレートケーキ(P75)

ハートチョコ×2

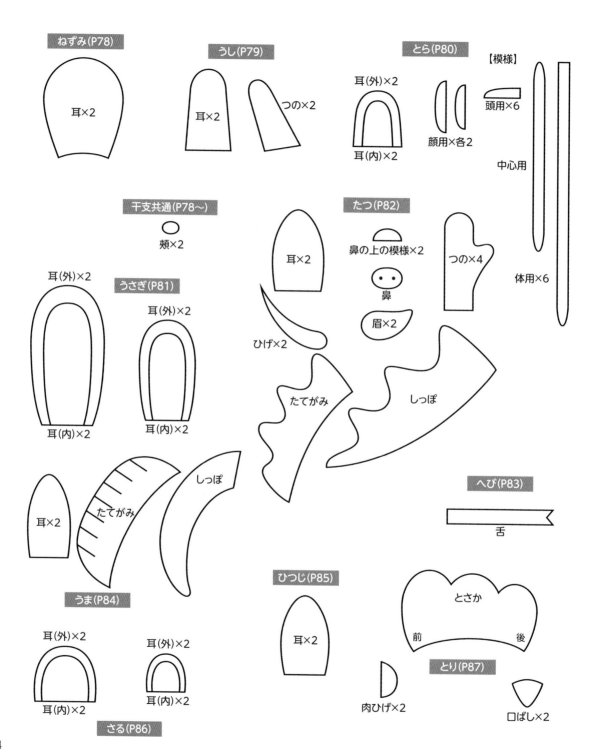

ねずみ(P78)

耳×2

うし(P79)

耳×2

つの×2

とら(P80)

耳(外)×2

耳(内)×2

顔用×各2

【模様】

頭用×6

中心用

体用×6

干支共通(P78〜)

頬×2

たつ(P82)

鼻の上の模様×2

鼻

眉×2

つの×4

耳(外)×2

うさぎ(P81)

耳(外)×2

耳(内)×2

耳(内)×2

耳×2

ひげ×2

たてがみ

しっぽ

たてがみ

しっぽ

耳×2

へび(P83)

舌

うま(P84)

ひつじ(P85)

とさか

前

後

耳×2

耳(外)×2

耳(外)×2

耳(内)×2

耳(内)×2

肉ひげ×2

とり(P87)

口ばし×2

さる(P86)

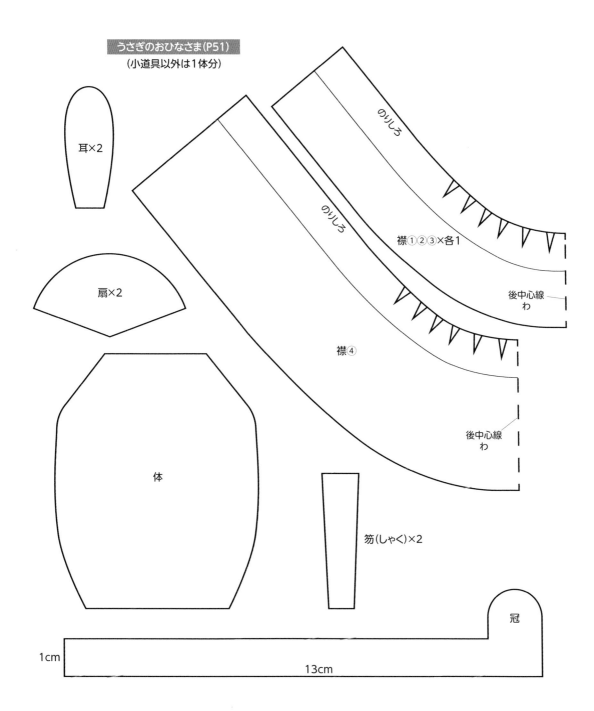

うさぎのおひなさま(P51)
（小道具以外は1体分）

耳×2

扇×2

体

のりしろ

のりしろ

襟①②③×各1

襟④

後中心線
わ

後中心線
わ

笏(しゃく)×2

冠

1cm

13cm

【著者紹介】
伊藤和子（いとう　かずこ）
手芸作家。神奈川県在住。
動物、リボン、花をモチーフにした作品を中心に日々制作を行っている。
著書に「ぽんぽんでつくるどうぶつとモチーフ」（日本文芸社）、作品の制作・監修に「SNOOPYぽんぽんBOOK」（KADOKAWA）、「Disney TSUM TSUM ぽんぽん PomPon Kit Book」（宝島社）がある。

インスタグラム　@koitoiro
ブログ　https://ameblo.jp/bukicchomom/

● Director　　　　　　　　　清水信次
● Editor & Writer　　　　　　大和田敏子
　　　　　　　　　　　　　　島上絹子
● Camera　　　　　　　　　渡辺七奈
● Drawing　　　　　　　　　まえだゆかり
● Design　　　　　　　　　　スタジオパラム

ぽんぽんでかわいい　四季のどうぶつたち
12か月のアレンジBOOK

2021年11月30日　第1版・第1刷発行

著　者　　伊藤和子（いとう　かずこ）
発行者　　株式会社メイツユニバーサルコンテンツ
　　　　　代表者　三渡　治
　　　　　〒102-0093 東京都千代田区平河町一丁目1-8
印　刷　　三松堂株式会社

◎『メイツ出版』は当社の商標です。

ご意見・ご感想はホームページから承っております。
ウェブサイト　https://www.mates-publishing.co.jp/

編集長：堀明研斗　企画担当：堀明研斗